U0887423

中国好家长

家长驾校

——学会驾驶孩子那辆车

中国好家长

家长驾校

——学会驾驶孩子那辆车

[美] 玛丽·安·斯密亚莱克 著
赖鹏 译

黑龙江教育出版社

目录 CONTENTS

前　言

对家长来说，要把孩子培养成快乐、成功、能干的人才是越来越难了。比如，现在的孩子每周上学的时数越来越多，教育过程越来越复杂，要求越来越高。从很小的时候开始，孩子就被来自家庭和学校之外的各种信息所轰炸。广告业每年花费 120 亿美元直接瞄准少年儿童这个市场。不管孩子走到哪儿广告都触目皆是，书报、电视、网络，甚至教室里都充斥着广告。美国诸州法律及联邦法律都规定学校必须对孩子起正当教育作用。但当前的调查数据显示，有史以来从未有这么多孩子在学校问题重重，有学业上的、情感上的、行为上的诸多问题。因此，学校开始意识到学生成功的基础应拓展到学校之外，取决于家长为孩子打下的基础，这对孩子的一生至关重要。

越来越多的家长上下求索，试图理解教育体制，与教师有更良好的互动联系，更重要的是，帮助孩子养成开朗的性格，获得学业上的成功。玛丽·安·斯密亚莱克博士针对家长的这种需求写出了《家长驾校》这本书。斯密亚莱克博士是以自己作为家长和教育专业人士的实际经验来写作的。她通晓教育体制的内在运作，同时又十分理解当今的家长和家庭所面临的压力和所存在的需求。本书着眼于协助家长给所有的孩子提供帮助，十分的实用、理性，而且在情在理。不但对问题孩子的家长有用，对优秀孩子的家长也同样有用。书中首先帮助家长理解其在孩子成功路上所扮演的角色的各个方面。斯密亚莱克博士从理性的角度列出了家长期望和家长责任，然后提供了一系列步骤帮家长带领孩子走向学业成功。她传授了一些策略和技巧来提高孩子上学的动力和兴趣，敦促孩子完成家庭作业，促进孩子课堂学习的成功。她还为家长改善家校合作关系提供了一套指南。在课堂之外，她传授给家长一系列有效管教孩子的策略，更重要的是，一系列帮助孩子提升自我感觉的方法。教育家、心理健康专家和研究者们越来越清楚地认识到，孩子对待学业的心态、对他自身能力的自我感觉以及对老师和对所分配的任务的态度是决定学业是否成功的关键因素。

最后要指出的一点是，这也是第一本在孩子使用网络方面给家长提供了指南的书。《家长驾校》是一本我愿意全力推出的书，我会把它推荐给所有跟我有合作关系的家庭，因为它为协助家长带领孩子走向学业成功之路提供了一张珍贵的线路图。

萨姆·格尔第斯坦恩

临床医学副教授

犹他大学

引　言

想不想把你和孩子的关系往良好的一方面改善？想不想减轻压力，使你和孩子的生活取得更好的平衡？如果你有这方面的育子知识，也有信心去改变你的外在形象和亲子教育方式，你的生活会是什么样子？想不想你的孩子在学校过得快乐、自信、成功？

如果你对以上任何一个问题的回答是肯定的，那就请接着读下去！越来越多的家长在带领孩子通往成功之路时想要避免路障、一路通畅。在沿路的每个“公交站”你都能找到这方面的帮助！不管你是一个每周工作60小时的父亲，还是一个独自抚养一家人的劳累的单身母亲，或者你仅仅是一个不想再感觉压力重重、时间紧迫的家长，《家长驾校》正是为你而写。它会指引你如何取得成功、如何为此作出明智选择、如何建立高质量的亲子关系。本书的策略是专门为那些孩子还在上中小学的家长提供的。你有能力帮孩子赢得快乐而成功的家庭生活和学校生活。成功的秘诀就在眼前!

当你决定改善亲子关系时该怎么做、该求助于何方？本书的目的就是帮你克服通往孩子成功之路上的障碍。书中包含具体指南和行动计划，沿路给你提供帮助。只要你愿意付出努力，并在这个过程中投入时间和精力，我保证你和你孩子的生活都会有可观的改变。你可以换换挡，坐上驾驶座，如何带领孩子走向学业成功完全取决于你。你可以体验有着良好亲子关系的生活，我会告诉你怎样做到这一点。你只需全神贯注于我们的旅程，本书中所传授的点子和策略会把你从现在所在的地方带到你所想要去的地方。只要目标正确、知识在心、工具在手，即使再具有挑战性的事也能转化为对你和孩子有益的经历。如果你是真的想改善你和孩子之间的关系，真的想带领他走向成功，本书为你达成所愿提供了一个重要因素：一个老师的一臂之力，她帮助过无数其他家长，走上顺畅的成功旅程。

教育是团体合作

教师的责任是教

孩子的责任是学

家长的责任是帮助孩子

乐于学并善于学

第一章

该觉醒了，准备上路！

——家长的期望和责任

我对孩子在家和在校有着什么样的期望？

我作为父母有着什么样的责任？

1

作为家长，你有着世界上最重要的一项责任：去爱、去培养、去引导你的孩子。这责任分量不小，而且多数时候不那么顺心，常常会让你怀疑自己能不能当好父母。怎样才能当好父母？你或者会觉得众说纷纭无所适从，或者会觉得自己缺乏基本的教育知识。

你想让你的孩子拥有最好的一切，包括学业上的成功。你竭尽全力，但有时候就是不管用。你生活中有太多其他的压力——多得难以尽数。要做的事一件又一件没完没了，有时候你可能暗地里问自己："我有没有在孩子身上花足够的精力？""我怎么样才能知道我的教育方法对不对？""我用的是最好的方法吗？""我在家庭与学校的联系中有没有发挥应有的作用？"

不管你信不信，你有这种神力来谱写你孩子学业成功的前奏。确实如此！并非所有的综合课程、特级教师、一流学校或者高端网络课程都可以掉头避过你日常所碰到的那些挑战而带你孩子走向学业上的成功。也就是说，你面对挑战的态度不仅对你自己重要，对你孩子的成长更重要。如果你自己不采取积极的措施来影响你的孩子并清除他成功之路上的障碍，那没有别人会代替你这么做。所以成功之路打不打得通，关键在你！

千万别贻误，学校的教育永远无法取代你本身给孩子的言传身教。你是你孩子的启蒙老师也是最好的老师。学校只能加强你给孩子打下的基础。你孩子在上学前所经历的一切对他今后的学习有着决定性的影响。作为家长，我们必须在孩子来到人世的那一刻起就承担起教育的责任。

你的孩子在学校的境况确实是可以在你的影响下有所改观的。你作为家长有绝对优势来做到这一点。在此之前，你只是没有抓住要害、没有相应知识、没有较好的策略来使事情得到改观。如果你目前的做法不管用，你需要从孩子和你自身寻找原因，并考虑换用其他的办法。你可以问问自己以下问题："我是不是日复一日只顾应付自己的事了？""我是不是避重就轻安于现状？""我是不是只在问题出现了之后才和孩子去应对挑战？"如果你的回答是肯定的，那说明你遇事不果断、做事效率低，这有办法解决。你所需要的只是计划，使你孩子在学校的种种问题转化成情感、人际和学业等各方面的成功。

本书的目的正是为你提供一张你所需要的路线图，指引你走向你寻求的方向。记住，不管你愿不愿意相信，你对孩子学业旅途的顺畅与否负有不可推卸的责任。不过现在还为时不晚。还有时间让你作出规划，及时赶上这趟车，不至于使你和你的孩子被孤零零地落在“公交站”，又冷又无助！谨记，你和你孩子面临的挑战越大，带来的滑坡就越大，如果这个问题没有得到相应重视和妥当处理的话！

是认清现实的时候了！世界已经变了！跟你的父辈和祖辈所处的时代已经大不一样了。如今，我们都被“困”在一个生活节奏快、变化也快的社会，生活的匆忙往往使我们疏于关注孩子的需求。对孩子在学校出现的问题有时你不得不像简单敷上止血贴一样使用权宜之计草草处理，而忽视了孩子最深层的根本需求：一个他渴求的能让他健康快乐全面发展的家庭环境。说到如何管理你自己的生活及帮助你的孩子学会管理他的生活，你完全没有头绪，却又得在孩子面前假装自己应付事情的能力很强。只有当你最终放弃这个念头，承认自己确实需要更明晰、更实用、更有成效的教育方法时，情况才会开始有所好转。

凭什么要让你花时间来关注我下面所要跟你分享的心得呢？首先，我也是为人父母者。其次，我是为人师长者。我在常规班和特教班都已任教多年。亲子教育法这些年来发生了一些怎么样的改变，我有第一手的经验。但不管怎么说，好的、根本的亲子教育技巧是不会被社会的外在力量改变的。好的亲子教育方法往往被不同的家长百般尝试，但有时培养出的孩子同样可能达不到预先的期望。生活中我们都时不时会感受失望。

值得记住的重要一点是，你是有意志和动力去为你的孩子求得更好的家庭生活和学校生活的。本书中所讲的技巧会让你知道如何做到这一点。如果你现在的做法不见成效，应该要尝试换换位置或者“换挡”，找准一个全新的方向。按照通往成功之路上的每个“公交站”路牌上所提的建议去做。你随时都可以回到你旧有的做事方式上去，但应该知道在教育方法上换换路子是很值得一试的，因为这可以使你管理孩子的方法日臻完善。有朝一日你会为这样做的效果深感惊喜。

你孩子学业成功的时机到了！无论你的孩子在学习或注意力方面有什么问题，你都已经有了转变局面的必备武器。你的潜质中有改变你孩子生活所需要的一切因素。你的孩子值得你从此开始花时间和精力。通往学业成功有一套确定的路子，一旦你对它有了清晰的概念，你就胜券在握了。如何做到胜券在握呢？获取你所需的知识来创造你所希冀的结果吧。

首先你得确定你对孩子在学业上有着什么样的期望，你该怎样来促成学业成功。你要乐意学习你所不懂的东西，只有这样你才有可能为你的孩子做出更明智的选择和更英明的决定。不管你自认为你已掌握了多少知识，只要你还没有学会有效管教孩子的特定技巧，那你的跋涉就很可能是徒然的，你肯定会“误了这趟车”！有时候，在学新观念时最困难的就是摈弃旧观念。你得认可和接受这一点：为你的孩子创造学业成功，这是家长这个角色所负的责任。学会如何作出和实施更明智的决定，这样你和你的孩子才会有更有意义的经历和更快乐的未来。

家长或其他相关监护人该做些什么来带领孩子走向学业成功呢？尤其是那些没有雄厚的经济实力或可靠的家庭支柱的人？可喜的是，对你孩子帮助最大的多数教育方法并不需要金钱来支撑。家长可以作出的努力包括生活上的照顾、情感上的关怀以及时间和耐心，更重要的是爱，这些都不需要金钱，而且都是你能做到的。

每个“公交站”的交通路牌都会给你展示一些育子诀窍和技巧，不需要你掏一分钱，却能为你的孩子带来不同凡响的改观。家长确实都不时引导他的孩子，但具体怎么引导，大多数却仅仅是跟着感觉走，其中一些家长很有必要学一点更管用的方法。有些主意看起来不值一提，很多家长可能不以为然，不愿费事去照着做。但请记住它们都对你孩子的成长至关重要。学业成功与否在很大程度上取决于你孩子的乐学程度和他掌握所必需的学习技能的程度。

从一开始，你就得用毫不含糊的措词教会孩子价值观。他要知道所生活的这个世界不管在体能方面或是道德方面都是有限制的。要告诉他滚烫的锅不能碰，车水马龙的街道上不能乱跑。也应该告诉他撒谎、作弊和偷窃都是不可取的行为。他还应该受到这样的教导——不欺负弱小者，多容纳异己者。我很不愿指出的一点是，现在孩子在学校的多数错误行为都是缘于孩子在家庭中没有受到足够的价值观教育，或者受到的是扭曲的价值观教育。就教孩子是非标准这方面来说，如果孩子在家里就受到一定的价值观教育的话，那他在学校就更易于接受纪律约束。毫无疑问的是，目前孩子们在学校出现的问题多数都并不是学习方面的，而是伦理道德方面的。在孩子跨入学校大门之前的那一长段时间里，他在家里所必须受到的素质教育、价值观熏陶和学识量都是学校所无法提供的。

在这个新的“知识时代”，学校不得不在责任更大、资源更少、财政紧缩、班级人数剧增、管理人员精简的情况下运作。简而言之，校区的工作比以前任何时候都受到更多的审视。期望学校能“更上一层楼”，期望它的毕业生能在这个处于信息时代的世界里有竞争力。因此，美国教育史上没有什么时候比现在更需要你，作为家长，来起你的一份作用：你的职责——去爱、去引导、去培育你的孩子。这不仅是孩子和家庭成功的基础，也是学校－家庭合力打造孩子学业成功以及一生成就的必备条件。只有这样做才能保证你的孩子不会“误了这趟车”！

不过还为时不晚。你还有时间跳上车赶往目的地：你孩子的学业成功。首先，你需要了解的是交通规则，避免路障和弯路；同时还要有一张好的地图给你指路并确保你安全抵达。

你爱你的孩子，而且心中非常清楚你有为他提供衣食的责任。在过去那个年代，家长们明白现在的很多家长所深受困扰的东西：他不但有责任为孩子提供衣食和住所，而且有责任教会他自控意识、道德意识以及有意义的世界观。

是什么使这门家长艺术失落了呢？为什么这么多家长变成了孩子的朋友从而不愿管教他？别老这么想：“我不愿意因为拒绝孩子的要求而使他难过”，或者“一管束他我就会觉得很内疚”。别以为孩子暗地里不渴望一种他能信任并且遵从的原则。你该驱散你的那些忧虑，承担起教育孩子自尊和自控的责任。要把这些价值观传递给你的孩子的话，你自己首先要确信它们是值得你深信不疑地去实践的。你得明白无误地为你的孩子确立一个道德空间，并告诉他在这个空间中的“交通规则”。

如果你不认真履行你作为家长的权利和责任，那最终付出代价的是你的孩子。而且会是很惨重的代价！如果你规避家长之责，你不但剥夺了你孩子所渴望的清晰和明断，而且否定了他拥有童年的权利，否定了童年所代表的一切。

当今，越来越多的孩子不但在学校而且在人生中都不成功，这种状况比以往任何时候都更甚。他们中绝大部分抑郁低落、怕担责任、自我感觉极差、学习动力不足。这种状况又往往不但给孩子也给家长带来挫折感、失败感和疲惫感。各家庭所经历的这些问题大多数要么是规划不够造成的，要么是缺乏技巧造成的，本质上并不是孩子学业上的问题。

现在有好消息了！《不要错过这班车！》可以使你和你孩子的生活焕然一新。你可以为你孩子个人和学业上的成功带来影响，这种成功会在整个人生的波峰浪谷中持续穿行。本书中所传授的策略是我观察和实践了多年的方法，它不但实用、可行，而且对学生和家长都很有效。我会和你分享真正管用的东西：点子、技巧，甚至一些可以助你改善孩子行为、责任感和学业成绩的小轶事。你在每个“公交站”都会找到关怀、经验和智慧。

本书无异于一份行车图，带领你迎接孩子上学期间成功路上在亲子教育方面所遇到的挑战。运用书中所给的实用的点子、诀窍和方法，你会拥有一个可操作的计划，使你有技能和信心来帮你的孩子成长为自信心强、适应力强的成功人士。你能学会作为家长该如何作出明智的选择，并把这些选择用在孩子身上。最重要的是，你会得到两种支撑你走完全程的珍贵工具：知识和行动。本书还提供清晰、实用、可操作性强的策略，专门帮你成为孩子的兼具爱心、恒心、效率的监护人。

本书中所讲的帮助你孩子走向学业成功的亲子策略并没有穷尽一切，但它们已久经检测、证实有效。事实证明它们能帮你形成一种思路和方向，为你孩子带来你所希望的结果。从头至尾我都会集中讲你所需要知道的东西：为你孩子建立良好成长环境的技巧，使他在这种环境中能有信心、有体贴心，并能有兴趣“坐上车”去学校学习。

好了，是做好准备的时候了！要准时！别误了这趟车！上齐了开往目的地。你的孩子需要你成为一个善解人意、知识渊博、充满耐心的榜样。孩子们是有样学样的。我们做好准备到公交站2！你开始上车了吗？

赶快对孩子作出期望，赶快意识到自己的责任，不要错过这班车！

交通路牌
#1

一站！二看！三行动！

接受你作为家长的责任：

1. 做你该做的——你的责任：去爱、去引导、去培育你的孩子。

2. 认可和接受你在孩子的成功方面所肩负的责任。

3. 用毫不含糊的措词教会孩子是非标准和价值观。

- 以身作则
- 做善解人意、知识渊博、充满耐心的榜样
- 教，而不是说教

> 孩子们更需要的是榜样而不是批评家。
>
> ——Joseph Joubert

第二章

一步一步来，千万别跑！

——通往成功亲子四步走

我怎样才能帮孩子取得学业成功?

亲子四步走是哪四步?

我需要学些什么才能更好地帮孩子作出人生决定?

2

态度积极，从容上路

你的爱心、你的知识、你的努力对缓解家庭冲突和紧张气氛有着莫大的好处。学会相信自己。这是建立稳固基础所必不可少的一个组成部分，只有这样才能使你引领孩子走上成功之路。你必须行动果断，使自己相信你有能力为自己作出明智的选择，因此能引导孩子也作出明智选择。等你自己慢慢积累了经验之后，你就不会那么依赖那些专家或非专家的意见，你自己所作的决定就能帮你获得你最终想让孩子得到的：健康、快乐、成功的生活。即使你的所作所为都是为了孩子，有时你也会瞻前顾后不敢向前。我们都会因怕这怕那而产生一些不好的想象。一定要下定决心换一种新的态度，要相信它能给你的孩子带来无尽的好处。一旦你心有疑虑或抵触，参考每个“公交站”的交通路牌所提供的策略，然后再次尝试。

当你有了信心而且适应了“建立良好家庭环境”这样一种“新观点”

之后，你就可以进行下一步了。你能为我们这个世界所做的最大贡献就是使你的孩子成长为一个有责任感的人。你可以通过为孩子树立榜样、提供指导而做到这一点，加强他的自信心，提升他的自我感觉。首先你对你自己实施的“规则”要有更强烈的意识。琪丽儿·理查德森在她的《为人生而战》一书中给出了很睿智的建议，她指出，与其让你年幼时被训练着去遵守或这或那的一些可能磨灭人个性的规则，不如想象一下，如果你是受以下这种教导长大的，那你的人生会有怎样的不同：

· 争取见多识广

· 永远坚持不懈

· 若无过错毋庸道歉

· 勇敢向前

· 大处着想

· 雄心壮志

· 干劲十足

· 为自己骄傲

· 设高远目标

· 努力去实现！

她说如果她是受这类规则熏陶而长大的话，那她的人生可能就大不一样了。那她小的时候就会大胆回答老师的问题，而不是犹豫着不敢举手。

那她高中时就会参加令她魂牵梦萦的戏剧表演，而不会始终是身在观众席、心却在舞台。

你的人生本来可能是怎么样的呢？给孩子机会，让他长大后不会有“本来”或“早应该”之类的懊悔。给他一套新的规则去遵循。

其实一天中你有很多机会去鼓励和实施这些新规则。就这些规则多和孩子们讨论讨论。不断进行观察和调整以使它能发挥最大的作用。把这些规则变成你日常生活的一部分。你就等着看这会有多大的作用吧。

另一种培养积极态度的好方法就是承认你孩子的优点。不要光只看到他的缺点。我读研究生的时候，有个教授经常在班上说：“就着学生的优点去教，缺点便会自行化解。” 在现实生活中这点如何体现，我的一个叫 RJ 的学生就能作为例子。他的字写得非常糟糕，多数时候我都看不出他写的是什么。实际上他写东西很有创意，不管写什么都很有洞察力，只是由于看不懂他的字，别人都无法欣赏他的作品。很多时候我不得不让他把他写的东西念给我听。我夸他段落流畅、描写细致，尤其称赞他的幽默感，总能把本来索然寡味的命题写得非常风趣耐读。他逐渐觉得能把文章写好而且能把字写好是非常值得自豪的事，因此在我的帮助下，他开始自觉地或在父母的引导下练字。到学期末的时候，他已经是我班上字写得最清晰漂亮的学生了。记得要定期地指出你孩子独具的优点。这种做法会给你带来额外的好处。孩子可以由此学会不但看到自身的优点，同时认可他人的优点。

跟孩子谈谈心，告诉他失败和错误是通往成功之路上的“垫脚石”。鼓励他跟你用角色表演的方式来展示逆境如何能好转。如果你有“足够勇气”的话，不妨跟你的孩子互换角色，假装他是家长而你是孩子。不管怎么说这种经历能让你们双方都大获裨益、大受启发。你因此能很快就得到你所想要的结果。它使你能深入理解那种境况，由此增长很多见识，从而化逆境为顺境，使你和你孩子的生活都从此轻松明朗起来。你能得到一种全新的理解,从而能带领孩子不管在家或在校都找到通往成功的正确方向。

最重要的是,强调家庭的重要性。在家人爱的包围下孩子会有安全感。和孩子一同感受“家庭的价值”，向他阐述这是社会存续下去并把道德伦理观传递给下一代的方式。教孩子尊重别人的家庭并同时珍爱他自己的家庭。对家庭的忠诚有助于他对自己的价值观树立强烈的意识，使他即使在千里之外也会觉得有所归依。自我身份意识和自我归属意识比较强烈的孩子会成为更能干的人。

两头均衡生活和谐

大多数时候，作为家长你都是“超负荷工作”。首先得忙自己的事！其次还得抽出必要的时间用于“亲子艺术”。这并不是自私！不妨使用空姐在飞机升空时给机上乘客的建议："先戴好你自己的氧气罩，然后再给孩子戴。"如果你自己的事情没处理好，那真正到节骨眼上时对孩子也不好。明智地安排好自己的时间，必要的时候找个帮手，这点极其重要。你不可能事必躬亲。事情有轻重缓急，要设立优先顺序。如果你时间不够，次要一些的事就要另找时间空档，在繁忙的时间表里见缝插针。

亲子教育要真正见效需要非常大量的时间、需要长久不衰的兴趣和持之以恒的努力。在家长的工作时间日益见长的同时，孩子们的情感问题也日益增多。我们所生活的这个时代可谓"规则界定不清、时间流逝不济"。"亲子艺术"在这种生存状况下境况堪忧。我们需要学会在时间的分配上取得两头均衡，这很重要，可以通过以下几方面的行动来解决：

· 关闭手机。如果一个电话很重要，致电者肯定会再次拨打。

· 关闭电脑、电视和游戏机。专心跟孩子玩。选用亲子互动型的玩具或游戏。

· 分配好时间段，使你能逐一跟每个孩子进行单独相处。

通过这些做法，你自己会愿意有意识地放慢生活节奏，耐心跟孩子交谈，更重要的是，耐心倾听。在《超人综合征》这本书中，罗伯特·卡姆说道："亲子要求我们过有深度的生活，但如果我们生活节奏太快，就会因速度而丧失深度。" 只需要一点创意和一些趣味游戏，你就可以使你孩子在家和在校的表现大有长进、使他的生活多一些激情。你的孩子会意识到你确实在意他、确实对他有兴趣。

鼓励孩子探究他感兴趣的东西和科目就可以是一个好的开端。也就是说支持你的孩子发展他的业余爱好和他所热衷的事：玩乐高积木、收集棒球卡、玩侦察游戏、玩轮滑——只要他喜欢。

当我的侄子健健（跟我儿子同龄）7 岁就开始废寝忘食读大部头小说的时候，我儿子却连读学校布置的阅读作业都深感困难。那时他所热衷的是收集棒球卡。我们去参观卡片展、逛卡片店和跳蚤市场，四处搜罗。我丈夫那时经常出差，也顺便到处帮他搜索集齐一套所需的那几张。那段时间我很抑郁，因为不太确定他的阅读能力该怎么培养。因此我跟他一起谈论卡片。后来就开始把卡片上的一些信息读给他听，再后来他开始读给我听——完全他自己读。最终他开始阅读棒球杂志和棒球书，其中的词汇比学校阅读课本上的难多了。通过这种利用孩子兴趣的方法来鼓励阅读是一举两得的事。至少对我儿子来说很管用！

一旦你找准了孩子的兴趣，你就可以把其他一些他该学的东西渗透进去。也有无数其他的方法可以在你孩子的日常例行之事中鼓励和加强教育性的融入。可别低估家庭聚餐的重要性。我们每个人都事务繁多、时间紧凑，要能都坐在一起边吃饭边交流思想可不是那么容易。而这种交流是十分重要的，给孩子肯定，给孩子引导，讨论替换性的行动方案。在早、中、晚餐的餐桌上分享各自的信息可以使家庭成员走得更近，改善孩子的自我感觉，并且更重要的是交换思想。你孩子要学的重要一课就是信任他人、看重他自己的感觉和行动。这样做的好处是孩子能得到所需的勇气，从而乐于向你诉说家庭之外所发生的事。

我儿子一向是个沉默寡言的人。一个管用的办法就是带他去他最喜欢的餐厅吃饭。我不能确定是这样那样的因素还是几个因素共同起作用才使他这时的表现跟平常大不相同。他不用我提出问题或挑开话头就会主动告诉我很多“事”。这个方法每次都管用，直到今天他24岁了我还仍然这么做。

简化你自己和你孩子的生活：创造两头均衡。另一个好方法是，记下你和你孩子沉浸其中的所有活动。根据你孩子的投入程度，按有益性和可取度将这些活动进行先后排序。估计一下排在靠前的七项活动需要投入多少时间。包括练习时间、准备时间和交通时间。

你还得考虑另外一个重要因素：每项活动的价值。辅导课和才艺课有助于改善自我感觉。体育运动有助于改善孩子体能方面的自我观和团队合作技巧，并且可以鼓励有益的健康训练。音乐和艺术课可以促进艺术欣赏、艺术创造的兴趣，还有助于培养自信心和树立良好的自我感觉。从你繁忙的时间表中抽出一些时间为你和孩子制定一个均衡的计划。这么做的话，你所制定的计划绝不会令你和孩子失望，肯定能使你的孩子从今天开始为明天的成功做好准备，因为这个计划周全、冷静、及时。

帮孩子建立稳步发展的关系。要定期举行家庭团聚活动，不管是每天一次，每周一次，还是每月一次，也不管你的家庭结构是怎样的。典型的家庭结构——父亲、母亲、孩子，或者还有一条狗，一辆车——已不再是当今唯一具竞争力的家庭形式。今天的家庭可谓形式多样、变化多端。

日常经历可以成为活的教材。如果你们打算去一个具异国风情的餐厅就餐，先在网上和孩子一起搜索那个国家的基本信息和地理位置。购物也可以是另一种很好的学习经历（不单单是对你有好处），因为钱可以是一种很好的教学工具。

我儿子 6 岁时我带他去买一件冬衣，他看中了一件他喜欢的派克式外衣。他根据以前跟我购物的经历先摸了摸衣服的面料，再看看标价，然后说："这料子很保暖的，但标价牌上的数字好像很不少。"我不敢说那时价格对他来说是否真的那么重要，但后来几年他又跟我学会了另外一种购物学问，对今后人生大事的计划都颇有助益。当权衡是不是要买他想要的某种东西的时候，他会照着我的样子自己寻思："我是不是确实需要它呢？"可能是因为我以往总是跟他区分什么是想要的什么是需要的，我想他确实是听进去了！显然，日常生活经历可以使正规教育变得生动起来。

随时随地可以让孩子明白学习并不是脱离于生活的。对生活技巧的灵活运用可以强化课外兴趣，这种兴趣最终又能提高孩子对相关学科的热情。这些个人的课余兴趣和课余活动能够丰富课堂讨论和课堂教学的内容。在我教的语文和数学课上，针对相应的教学内容学生们可以互相交流他在购物广场、在海滩、在宿营地的经历，也谈论他给爸爸当帮手、帮妈妈做家务的经历，等等。学生们的这种具体补充往往使课本知识生动活泼了起来，而我作为老师有时都很难做到这点。也不要低估了课外活动对丰富教学内容的作用。课外活动往往可以与课内教学内容很好地联系起来并给予大量的补充。最大的好处是，当孩子有了课外的相应经历从而在课堂讨论和学习项目上感到有话可说的时候，他的自信心和自我感觉会大大提高。

孩子真正想从父母处得到的是什么呢？问问他，你会吃惊的。根据艾伦·加林斯基在《询问孩子》一书中所写，大多数家长认为，他的孩子会回答他希望爸爸/妈妈能多点时间跟他在一起。事实是只有10%的孩子说他想多点时间跟妈妈在一起，15%回答说他想多点时间跟爸爸在一起。绝大多数孩子所希望的是，当父母确实花时间跟他相处时，不要表现得那么心事重重、疲惫不堪。但只有2%的家长认为他的孩子会这么回答。这说明你需要尽力平衡你的生活。抽时间做真正重要的事和对孩子真正有好处的事。如果你无所适从，那就问问孩子什么对他最重要！他会告诉你的！

决定在你铭记于心！

帮你自己也帮孩子一个忙。建立不可动摇的、界定清晰的规则，树立你的绝对权威。你的孩子需要知道什么是不可逾越的行为界限。学会说：

“我爱你，这也是我为什么有时不得不拒绝你的无理要求的原因。”首先，搞清楚你想要孩子怎么做。以你的思想和言行传达以下知识：

· 说真话，不擅改，以此巩固你和孩子的关系。

· 迎接挑战，这能使你在孩子眼里的形象更自信、更坚强。

· 对孩子的期望尽可能高。不要对他的无理欲望让步。只给他所真正需要的，但要确保他有选择的权利。

· 当面对棘手的情况时鼓励孩子冷静权衡利弊，避免冲动行事，这可以教会他自控和耐心。

· 帮孩子发展起通过自己的眼睛来判断世界的勇气，而不总是人云亦云。

· 让孩子学会理解和尊重差异，以身作则，宽容待人。

以下这个例子可以告诉我们“你敬我一尺，我敬你一丈”或“上梁不正下梁歪”等道理，这是一个令人伤感的真实故事。凯菲夫人有一天上午打电话到办公室找我，那时我正在上数学课。教务员问我能否去接一下电话，因为凯菲夫人当时心情极度低落，需要立即跟我通话。想着也许是有什么急事，我接了电话。我才刚说完“hello”她就迫不及待地说起来：“我难过死了。在公交站的时候保尔骂我是泼妇。我想他是从他哥哥和他爸爸那儿学来的。我不知道该怎么办，只好打电话给你了。我不知道他为什么会这么骂我！”

在这种情况下，你可以用“设身处地”这种方式来让孩子明白你的感受。这样说是很管用的：“你骂我，这让我感觉很不好，显得你很不尊重我。”更强烈一点的措词可以是这样：“你这么做说明你很生我的气。具体是什么原因我们来谈谈好吗？”最重要的是，孩子能从你言行上学到点东西。如果你用粗话骂他，那他会以为用粗话骂回你也是可以的。知道这点后你应该自始至终尊重你的孩子，这样他才能同样尊重你。

记住尊敬和信任是任何良好关系的基础——不管是夫妻之间也好，老板与员工之间也好，父母与孩子之间也好。当建立了信任和尊敬的基础后，这段关系就会有长足的发展。开始时是：“你去做这吧，你去做那吧。”后来是：“还是我来做吧，因为不知道你愿不愿意做。”发展到最后是：“我们一起，肯定能把它完成好的。”

如果你的孩子对人不尊重，可以使用以下方法：

· 回应之前先冷静下来。同样也给孩子一些时间让他冷静下来。

· 这样起头：“你那样跟我说话让我觉得很受伤害。我们最好彻底谈谈。等你愿意谈的时候告诉我。”

· 倾听，真心诚意地倾听他所说的话。永远敞开沟通。乐于接受他的想法，同时解释清楚你自己的想法。

· 寻找导致他这类行为的深层原因。追根究底，找出问题的实质。

· 给他一个拥抱使他放松。告诉他你希望事情有所改变，告诉他你爱他，但同时毫不含糊地告诉他你不喜欢他有这种行为。

· 制订计划，避免今后再发生类似行为。讨论有没有什么其他的办法——这是很重要的一步。考虑“我们”怎样能共同解决问题。问问他：“我们怎么样才能避免互相伤害？”

· 制定切实可行的规则并告诉他违反规则的后果。

当你和孩子之间有异议时，记住决定权在你手里，但决定是可以根据合理建议而灵活改变的，你要能不打断孩子的话，倾听他说完他对你的某个决定的想法。保持理性并让你的孩子也学会理性对待问题。不管怎么样不能为了保护自己的面子而硬是不改你原先的某个决定。有时你解释得太多，孩子根本听不进去。别想着能让孩子明白或能让他相信你会做到“公平”。这等于是浪费时间！他的身心还没有发展到那个阶段，不能完全明白你的语重心长和所作所为。他甚至不能想象你的行为是为了他好。在按照以上方法进行教育的过程中，你逐步规约你自己的行为并同时规约你孩子的行为，你会因此大受裨益。寻求到这种裨益，就等于控制住了行为，不管是你的行为模式还是你孩子的行为模式。如果你理解并接受了这个概念，慢慢地你跟孩子之间的问题就会有极大改善。其次，设定行动计划，即使刚开始时效果不好也不放弃。要自我宽慰：“挫折总是会有的，但我能对付。虽然没有立竿见影，但我不会改变原定路线。我有能力给孩子的生活带来改变。我一定要坚持做下去。”

- **说一不二，坚决执行**

毫无疑问，定纪律首先需要成功沟通。如果使用恰当措词吩咐孩子做事，你会为所带来的结果惊喜。有效的沟通可以防止孩子们表现出不可取的行为。以下方法有助于引导孩子表现出你所期望的行为：

吩咐该做某事时，不要使用问句形式："我们上床睡觉了好吗？"更好的说法是："到睡觉时间了"或者"现在该洗澡了"。

吩咐很小的孩子或注意力有问题的孩子做事时用词要直接。不要一次吩咐他做两件以上的事情。最好的方法是这么说："你先把你的房间清扫干净，清理完之后告诉我，我再告诉你还有什么要做。"

当告诉他你期望他做什么、期望他什么时候做完时用词要具体。表述不具体的例子如下："在你们学校今晚的开放日活动中我希望你能乖点。"要让孩子确切知道你想让他怎么做："今晚在学校我希望你能待在爸爸妈妈身边。你可以明天再跟你的朋友们玩。"另外一个例子是："今天的垃圾今天倒。"这样说有些笼统，更管用的说法是："我希望你今天放学回家后能把垃圾拿去倒掉"。

不要用表达愿望的形式来给出指示、理由或解释（"但愿你能不再那么做……"）（"如果你现在吃饭，一会儿就能玩了。"）。你得想办法改一下说法！在吩咐孩子做事时我们往往很啰嗦。记住，不能一下子吩咐太多，否则年龄小的孩子要多用很多时间才记得住。对年龄大一点的孩子来说，一次不吩咐太多事则完成效果会好很多。我发现如果吩咐得“简短而通情达理”则孩子完成得更快而且效率更高。你用这种方法的时候要记住熟能生巧的道理！吩咐孩子做事要简短而直接，这种技巧能使孩子做好你想要他做的事，而且让你和孩子双方都愉快。用具体而简洁的方法吩咐孩子，作用会十分之大。以下就是一些例子：

· “该回家了，跟你的朋友说再见。”

· “别再用石头打那条狗了。”

· “你该把玩具捡起来放好。”

· “嚼口香糖的时候不要张着嘴。”

· “今天放学回来后修剪草坪。”

最好现在就下定决心作出努力，坚持不懈地朝着目标前进，带领孩子走向学业上的成功。奇迹会发生，但绝不是随意的。它只能是你努力的结果。采取行动盯紧目标。你所期望的结果会实现的！你跟孩子的每一次相处都可以改变和改善你管教孩子的效率。

● **杜绝谎言对症下药**

如果孩子对你撒谎，那确实挺让人懊丧，但他这种行为是否继续下去则是你可以左右的。你可能很清楚，撒谎可以分成不同的几类。

● **当孩子自夸或吹牛时怎么办？**

自夸其实意味着孩子内心自卑，有时是家庭原因造成的，有时是学校原因造成的，有时是源于同龄人之间的压力。你作为家长要判断是否是这些原因，然后采取行动减轻孩子的压力。吹牛的孩子则往往是由于年纪小，还分不清现实与幻想之间的差异。喜欢异想天开的孩子有时用幻想的形式来解释他眼中的世界。对这种谎言你无须担忧。孩子长到一定年龄后自然就不会这么做了。

● 如果孩子说话只投你所好怎么办?

如果孩子把他的失落、恐惧、忧虑告诉大人却因此挨骂之后，他就不会再跟家长说真心话了。如果你的孩子知道你希望他热爱学校的科目并且学好每一门课，那他很可能就不会告诉你他所不喜欢的某门课，也不会告诉你他哪门课学得不好。你问他“今天在学校学了什么？”，他很可能会回答“没什么”。如果你问他一个他不想回答的问题，在问之前最好先说：“我只是想知道你是不是应付得了学校里发生的事和学的东西而已。”

● 当孩子说捉弄人的谎言该怎么办?

这种谎言的发生概率不高，但有些小孩撒谎的目的就是想看看是否骗得过人！不管撒谎的原因是什么，这种谎言不容忽视。最管用的办法就是说：“我知道这不是真的”或者“你说假话让我很难过”。

● 如果孩子说谎是为了逃脱罪责该怎么办?

撒谎的动机之一是不想因实际发生的事而带来打骂等后果。尤其当打骂非常严厉或者与行为本身没有直接关系时。不管孩子的谎言是属于哪一类的，你都要建设性地去解决这个问题。儿童心理学家荷姆·吉诺特强调：“父母不能歇斯底里或道貌岸然，而要实事求是。我们要让孩子知道他没有必要撒谎。”

鼓励孩子胸怀大志

过去那些年的自尊提升运动让我们认识到一些有趣的事实：现在我们知道多数孩子的自尊心充足而未受伤害。有些孩子甚至自我感觉超棒：交谈时滔滔不绝独领风骚，做事时坚持己见唯我独尊，结伴玩时盛气凌人以强压弱。同时，另一些孩子则可能相当自卑，颇需抚慰。

孩子时不时会对自己没把握，这是正常的，但确实有必要让他意识到他是独一无二的，是有着特殊才能的。在他很小的时候就应该开始告诉孩子：他是特别的。自尊并不单单是认识到自我价值和自己的重要性，而且要有个性上的特质在待人接物当中体现出这种自我价值。孩子的自尊心是他对他的能力所持有的感觉和想法，比如，能否积极地影响他人，能否迎接而不逃避挑战，能否既接受成功也接受失败，能否有尊严地对待自己和他人。自尊心决定着我们的行为，而这些行为的结果又反过来影响我们的自尊心。这是一个互相作用的动态过程，对孩子是否能变得性格开朗起着决定性作用。

我们要告诉孩子他肯定有能力在学业上取得优异成绩，而且我们期望他能在学业中发挥这种潜能，但记住每次都要这样结束谈话：“尽自己最大的努力。”光盯着一个高分或者说只着眼于考试成绩优秀是不对的。越来越多的证据表明，自我感觉的好坏很大程度上与在学校的进取心和成功度相关。学习上能取得好的结果使孩子能有一种自然的成就感和满足感，而不会感到自我怀疑和焦虑。有这种自信心的学生更愿意冒险进取并从失败中学习，而不是被失败打垮。在学业表现方面，不管是穷人家还是富人家的孩子，都能实现你对他的期望。

有些小孩的自尊心程度表现得比其他小孩明显。如果想知道他自我感觉的好坏，你可以观察一下你的孩子是怎么熟悉周围环境、怎么在周围玩伴中建立自己地位的。当接过一项任务时他的处理方式也可以反映出他对自己能力的感觉，这种感觉的好坏能影响任务的最终完成情况。如果要提升孩子的自我感觉，你对他要一直采取正面夸奖的态度。原谅失败但绝不能甘心失败。告诉孩子如果他实现不了你的期望你会很失望。同样，你也要让他确信，如果他表现得好的话，你会为他的成就感到高兴和自豪。如果家长对失败 / 成功都表现得无动于衷，那孩子会觉得很没劲。要记住，即便某个最近发生的临时事件都可能影响孩子的自我观。但不能仅凭孩子的一两句话来断定他的自我感觉良好与否。你可以用以下方法来改善孩子的自我感觉。

● **向孩子承认他是无价之宝**

仔细倾听孩子的话；问些问题；做点评论；帮孩子认识到他自己的长处；别低估表扬的作用；经常夸孩子是个小帮手、会体贴人。没有什么能比得上措词适当而又适时的夸奖。表扬孩子并不需要你费半点力，但对你的孩子来说却价值千金。有意识地对孩子的小失误或不当行为睁一只眼闭一只眼。这些行为会随着孩子长大而自然矫正的，而且记住不要当着别人的面指出孩子的错误。与其只看到不好的行为而不断批评和纠正，不如在有好的行为出现时多给予奖励。如果你不知道该用什么奖励来刺激这类好的表现，只管问问孩子。或者更好的方法是，给他两种奖励让他选择。这种奖励并不一定要你用钱买。可以是允许他做他想做的某件事，或者给多他一些额外的时间玩耍，或者允许他晚一点上床睡觉。或许孩子需要的只是一个拥抱，就能让他乖乖地按你的期望去表现。

如果你的孩子为某事而深受困扰，问一问："要我帮什么忙吗？"你有时会忘记过问的。但记住不要帮他解决问题，相反，让孩子成为问题的主宰者，让他自己想办法解决。

● **告诉孩子他很能干**

给孩子提供成功的经验。给他一些新的挑战，并对他积极作出的努力给予评价。即使孩子没能达到目标或者没能实现你的期望，也要向他承认他朝这个目标所作出的努力。对该如何完成所给的任务可以给他提供一些主意。把步骤示范给他看。让他自己去执行和完成这些步骤，并记得给他充分的操练时间。

与其称赞某一项具体任务完成得好，不如承认他为此作出的努力并表示已达到预期目标。比如，当孩子完成一项任务（作业、清理房间、倒垃圾等等），引导他去想想完成的过程。相对于上次完成同样任务的情况来说是不是有了进步？在哪些方面还可以进一步改进？这样做的目的是让孩子从中有所得、有所成长，能在有人或没人帮助的情况下作出明智的决定。他也因此可以在即使没有经常受到表扬或认可的情况下感觉到自我价值。

- **布置孩子能胜任的一些任务表现他的能干**

· 给孩子一些事做：日常家务完成得好会让他意识到他在为家庭出力，从而形成家庭责任感。

· 给孩子布置一些每天或每周的任务，比如喂宠物、倒垃圾、摆饭桌，或者做饭。如果孩子的组织能力或记忆力略有欠缺，那就把他完成任务所需要的一切准备好，然后让他自己去完成，不要唠叨也不要打击他。

· 让孩子的老师了解他所掌握的特殊知识或特长。如果孩子知道他懂得的比多数大人还多的话他会很高兴的，如果他的老师和同学也欣赏他的渊博并经常请教他，那他就更高兴了。

· 让你的孩子领先于你。跟他一起玩他所喜欢玩而且擅长玩的游戏。

电脑游戏方面他可能就比你拿手。当你还在玩初级而且怎么也进步不了的时候，让孩子示范一下他能玩到几级。你就等着看会怎么样吧！不管是什么类型的游戏，故意让他赢。每赢一次你就会发现孩子多了几分信心，这种信心会渗透到生活中的其他方面去。

·以下这点是不费吹灰之力就可以做到的，但我们通常会忘了做：告诉孩子你喜欢他。告诉他你喜欢他的几个理由。

· 注意他容貌上的变化或做事方式上的变化。以肯定无误的语气告诉他："你梳头的方式好时尚。" 即使这种变化不合你的欣赏口味，你也要使用这种肯定的语气，这会让孩子感觉你是用一种正面的态度来关注他的。

● **让孩子感觉"事事在握"**

给孩子机会让他能选择，能提出动议，能有自治权。尽量避免拿他跟别的孩子比较。帮助孩子正确评估他自己的情感和成就。让孩子能轻易作出决定的一种有效方法是给他提供两个选择，而不是三个四个甚至更多。给予的选择太多孩子反而觉得有压力，因而也就偏离了"提供选择"这种方法的初衷。

某天早上上学前，我拿出两件衬衫对我儿子说："这两件衬衫都很配你的牛仔裤。你想穿哪件呢？"于是他从我给的这两个有限的选择中作出决定。他选了那件颜色鲜艳的T恤衫而不是那件有领子的深色衬衫，自己感觉对事情颇有把握。最终，决定权在他！当给出选择的时候最好能跟他讨论一下各种选择的利弊/因果，这样会有利于他快速而明朗地作出决定。

● **让孩子融入同龄人群**

有些父母确实想改善孩子的自我感觉，但却从不考虑的很关键的一点是要允许孩子加入同伴们当中去玩！只要没什么害处，让孩子加入同龄人当中风行的一些活动，这样可以使他在学校能更轻易地融入他人。合群、被同龄人所接受，这能大大改善孩子的自我感觉。如今，孩子在友谊互助和同伴互动中表现出来的优异能力对良好自我感觉的形成至关重要。

在学期间孩子们所风行的活动可以以不同的形式出现。就像风改变方向一样，这种风行的时尚随时都在变化。以下就是一些例子：用不同颜色的鞋带系鞋、每天带白煮蛋或沙丁鱼当午餐、不管男孩女孩都戴夏威夷风格的项链。有些家长对孩子们当中的这些时尚不了解而且缺乏敏锐的感觉，却不知道这对孩子来说是十分重要的。

以下就是一个例子：简儿上学喜欢穿裙子，而且她妈妈也觉得她应该每天都穿裙子。简儿没有在意，但她的其他同学都穿 T 恤衫和牛仔裤或者短裤上学，看天气而定。一年当中通常只有照集体相那天才穿裙子。

简儿所住的那一片街坊没有其他孩子。放学后没有伙伴们可以一起自在地玩。她说她在学校也没有什么朋友。她很想结交朋友。她妈妈很关注这事但又不知道该怎么办。在家长会上我们就此讨论了一下。我指出穿裙子上学虽然没有什么不对，但也要考虑到她班上没有其他女孩天天穿裙子上学。因此从穿着上简儿不是这个群体中的一员。她的穿着风格造成了她跟班上其他女孩之间的距离。

她妈妈原先没有意识到穿着差异也会是一个问题。那天晚上，她带简儿去商场买了好几条牛仔裤和短裤。简儿穿上后看起来多了很多活力，而且感觉上有了大改观，这是最大的一个好处。这套行头给她带来了奇迹般的变化。而且，老师和同学都说好看。她的朋友也因此多了起来。

家长会上我们也讨论了其他交朋友的建议，包括请朋友们到简儿家来过周末，和同学们一起去看电影，在别人家寄宿一夜，和朋友去逛街，等等。所有这些建议只需花一点时间就可帮助简儿结交朋友，仅衣着的改变就明白无误地标示着简儿想融入大家并结交朋友的欲望。

如果想在上学期间结交朋友，你就要以具体可见的方式和其他人打成一片：着装、语言、手势等等。对自我感觉不太好的孩子来说，换换衣着风格值得一试，对结交朋友大有好处。记得不要把你自己对衣服的审美观强加在孩子身上。

创造气氛敞开交流

什么时候是跟家人交流“通往成功亲子四步走”的最佳时间呢？孩子需要你的理解和接受。尽力创造一种敞开交流的气氛，首先要做的就是抽出时间听孩子说。交流的最好机会是一家人一起吃饭或团聚的时候。我们现在一般都公务繁忙，少有机会聚在一起吃饭。值得花精力去安排一次难得的家庭团聚。这时候，要让孩子加入讨论，鼓励他说话，让他知道他的看法很受重视。被喜爱和尊重的孩子最有可能拥有良好的自我感觉。对孩子不要老持批判态度，对他的期望现实些，那样孩子的自我感觉就能得到培养。设立明确的规则，设立行动的上限，给孩子机会为他自己的行为负责，这就是关键。这些方法都能使孩子积极向上、把握更大的自我价值。鼓励孩子解决自己的问题，鼓励他自己做决定，这能增强他的自我信心，使他得到更大的快乐；不但发展了其在学校里的适应能力，而且也发展了其对今后生活的适应能力。

父母应该敞开胸怀倾听孩子的意见，而且不管他怎么强调他不想要你帮忙，你也要明白他其实是需要的。记住要“教”而不是“说教”。帮他找一些他觉得有挑战性而又有能力做的事。告诉他你爱他并要付诸行动。

当他对别人表现出同情、细心和体贴时指出来并予以赞扬。

除了一起吃饭和团聚之外，还有两种更正式但也很有效的方法可以使你和孩子之间敞开交流：家庭会议和家庭表彰宴会。我知道有些父母很成功地运用了这些方法。这是在家庭成员间进行沟通和建立合作的两种非常有效的方式。

- **定期举行家庭会议**
  - 让家人感觉像一个团队
  - 强化互相之间的信任和尊重
  - 为家庭成员共同解决问题制造机会
  - 使家庭成员共同参与到决策制定的过程中
- **家庭会议上的议题**
  - 家务
  - 看电视时间和频道选择问题
  - 电话的使用
  - 家庭作业
  - 玩耍时间
  - 睡觉时间
  - 周末计划

· 度假计划

● **家庭会议指导纲要**

定时定点

每个家庭成员将所想讨论的事列成清单

把大家所关注的事列入议程并张贴出来

人人参与共同商讨

给每个家庭成员相同的发言时间

解决问题并在解决方案上达成一致

坚持执行会议决议并在下一次会议之前不随意更改

● **举行家庭表彰宴会**

用宴会的形式对家庭成员予以表彰。可以在家举行也可以在餐厅举行。这是对家庭成员的出色表现表示认可和欣赏的一种比较有趣的方式。在庆祝之前，让每个家人将其他的每个家庭成员的优点或好的表现分别写在 3×5 厘米的小卡片上。在吃甜点时或晚饭后将这些证书颁发给家人。这一定会给家人留下深刻的记忆，他一辈子也不会忘记这一场别开生面的家庭颁奖晚会。

照着通往成功亲子四步走的方法去做，千万别误了这趟车！

交通路牌 #2

一站！二看！三行动！

了解并遵照通往成功的亲子四步骤

1. 态度积极从容上路

培养自信心提升自我感觉

承认孩子的优点

与孩子进行角色扮演懂得失败和失误是通往成功的垫脚石

以身作则树立家庭价值观

2. 两头均衡生活和谐

事有轻重缓急排出优先顺序

找准孩子的兴趣点

鼓励孩子对感兴趣的事物进行探究

设立家庭常规定期家庭团聚

从日常生活中学习

3. 决定在你铭记于心！

明确规则树立权威决定在你

用你的思想和言行表明不可逾越的行为界限

实事求是坚持真理

关注孩子的需求而不是欲望

告诉孩子你期望他怎么做何时做完

说一不二绝不更改

吩咐做事简洁直接

4. 鼓励孩子胸怀大志

承认孩子是无价之宝

告诉孩子他很能干

让孩子“事事在握”

让孩子融入群体

实行亲子四步走的最佳方式：创造气氛敞开交流

召开家庭会议

举行家庭表彰宴会

> 称赞孩子，爱孩子，这样做不是因为他现在的表现，而是为了将来我们期望的表现。
>
> ——Johann Wolfgang Von Goethe

第三章

都上车啦！

——动力强化策略

我该如何鞭策孩子事事尽力?

孩子是怎样学习的?

在孩子的家庭作业方面我能提供怎样的帮助?

我该如何帮助孩子应试?

3

了解并探寻动力之障

动力是学业成功的关键，是学生之所以学的原因，是推动孩子付诸行动的动因和诱因。动力通常被认为是使孩子加足马力将其行为朝着目标靠近的一股干劲。孩子的动力来自两大不同方面：内驱力和外驱力。缺乏这种动因和诱因，孩子就无法高质量、高效率地完成学业方面的相关任务，这是家长在孩子做家庭作业方面以及老师在课堂教学方面都经常遇到的问题。

动力是一个泛称词，指达成既定目标或满足自身需求的行为。孩子的动力水平或动力强度如何，要通过观察孩子对事情的关注度和执著度而定。要想使学习和教学顺畅进行，就必须考虑学生的动力情况。要帮助孩子达到预期的学习效果，我们可以考虑的一个很实用的问题是：如何使孩子的注意力集中在学习上？通常，动力强度只有凭老师和家长的观察以及孩子在学业上的典型表现所得的评分来衡量。没有好的纸笔测试方法能算出动力的具体数值。孩子完成功课的情况倒是可以作为有用的样本用于衡量，根据其完成学业任务的好坏来推断孩子对所给任务的关注度和执著度。很多孩子需要外驱力来推动他做某件事（比如家长的赞许、优异成绩、物质奖励）。外驱力往往能带动内驱力的发展。孩子的动力往往随情境而异，包括所涉及的人、场景、任务本身，当然还有任务所涉及的一切。培养孩子动力的关键在于明确能推动他的到底是什么。

有很多情况会妨碍和弱化孩子的动力。其中孩子需要克服的最大困难是：害怕失败、渴望关注、对学业不以为然、情绪问题、充满愤怒感和缺乏挑战性。

- **害怕失败**

没有人喜欢犯错。有些孩子很怕万一答错。他不想在老师、同学、兄弟姐妹或家长面前丢脸。害怕失败的孩子通常要么安静害羞，要么完全相反，佯装成班上玩世不恭的人，故意用某些恶作剧行为掩盖真正的问题。这类孩子极少在班级讨论中回答问题，也很少完成作业。

孩子通常因为家长以及老师对他的种种要求而感到重重压力。对他来说成长无异于一种痛，颇令人头疼。但你的孩子在这种种压力之下未必会想到其他孩子也有同样感受。让孩子稍微注意一下其他同龄人，让他知道他的其他一些朋友也同样不堪作业的重负、同样焦虑，这能减轻孩子的心理压力。只需知道别人也有同样的压力，孩子就能得到不少心理安慰。

● 有关害羞

有些孩子在跟他人相处时颇不自在、沉默寡言，这是可以克服的。越早作出这方面的努力就能越好地改善他的自我感觉、学业成绩甚至之后的事业成就。以下是帮助孩子克服害羞、实现潜能的方法：

提供引导。你可以帮孩子融入社交情境。害羞的孩子往往在一旁看着别的孩子玩却不敢加入，虽然内心里很想一起痛快地玩。这时你可以陪孩子一起走到那些小伙伴跟前，鼓励他跟他们打招呼，更近前一点地看他们玩一会儿，到孩子感觉自在些了再让他融入进去。而后你悄悄离开。

进行“社交侦察”。如果你的孩子受邀参加晚会，看看还有别的哪些小朋友得到邀请。通常，如果有别的相熟的伙伴一起去，孩子会放松自在地欣然前往。

排练“我不害羞”新形象。跟孩子互扮角色。反复演练，直到他在相应社交情境中能自如应付。在他参加一项活动前和他一起编一段对话。不断和他对台词：“嘿，我是凯乐。我可以跟你们一起玩吗？”或者直说：“你们在玩什么游戏呀？我也想玩。”

鼓励孩子称赞别人。通往社交成功的最快途径就是学会称赞和鼓励他人。对害羞的孩子来说他天然有这种潜质，因为害羞的人比较细心敏感和善解人意。

- **渴望关注**

这是另一种有碍内驱力发展的因素。说来令人难过，但确实有这样的情况：有些孩子故意不学好，以此吸引家长或老师关注他。在这个生活节奏飞快的世界里，有些成绩说得过去的孩子感觉到家长就此对学业放手，没有给他以足够关注。这些孩子本来各方面都没有问题——成绩不错、作业按时完成、家务照做——仅仅因为他不是问题孩子于是就好像被忽略了。那些做作业喜欢依赖家长和老师并时不时做些“出格”之事的孩子其实是以这种方式获得他所需要和所寻求的关注。

- **对学业不以为然**

我曾和有这种态度的孩子打过交道。孩子们常常跟我说他不觉得家庭作业及学业与日常生活有什么联系，不知道它们为什么这么重要。我们要提醒这些孩子，上学就是他的“工作”，要完成的作业就是他的责任和工作的一部分。大人每天去工作，工作做得好能得到报酬（工资、提拔、奖状）。我觉得对学业态度不端正的孩子给予某种报酬可能会有助于增强其动力。探讨如何将学校所学的技能转化到日常生活中，也能有助于刺激孩子内在的干劲（比如：算账需要用到加减法，按菜谱做一款美味需要会度量衡转换和阅读技巧）。

- **情绪问题**

有些孩子在上课和做作业时无法集中注意力听讲，主要是由于情绪问题。

情绪会妨碍学习过程。抑郁感、挫折感、焦虑感、恐惧感或当前的家庭问题也会对孩子的学习动力带来影响。有时候很难区分孩子的抑郁是需要就医的还是仅仅是成长过程中的阶段性问题。如何识别那些需要就医的孩子？埃德·海默博士（得克萨斯医学校的儿科教授和孩童成长心理医生）指出，如果孩子出现以下四种情况中的一种，很可能以下反常行为是导致他抑郁的原因：

· 生活一团糟：经常搬迁、父母离婚或父母工作频频变动；

· 一起居住的家人有抑郁症病史或抑郁症家族史；

· 经历了一次重创或痛苦事件；

· 与父母没有亲热感。尤其在那些酗酒或吸毒家庭中更为常见。

抑郁的孩子要么表现得安静内敛、要么表现得吵闹张扬，你该知道哪些是正常行为。据海默博士所言，识别孩子是否抑郁症的关键在于看他的行为是否有显著的而且持续时间较长的改变。如果你怀疑这些问题会妨碍孩子走向学业成功，最好找医生推荐这方面专家，帮助去除那些你认为会影响孩子动力的行为模式。

- **充满愤怒感**

还有些孩子用拖欠作业和只退不进的方式来表达他的愤怒。由于某种原因,孩子将他的学习成绩和学校表现作为“遥控”来向他的父母表示愤怒。

这通常被叫做消极的积极措施。比如：假设孩子学业上比不上其他兄弟姐妹从而感到压力，他就有可能在家庭作业和复习考试方面跟父母讨价还价，这是一种迂回策略。有一件事是在他的可控范围内的：故意把成绩搞差。你越想通过控制和强化来矫正他的行为，他的分数就会越低。

- **缺乏挑战性**

我只见过少部分学生表现出这种感觉。孩子时不时会厌烦做家庭作业。如果课堂活动太简单、低于学生实际水平，学生就可能会失去动力。这样的话，孩子没有得到足够的挑战，对所学的概念和所给的任务提不起兴趣。这种情况很少，但在衡量孩子的动力强度时不能不加以考虑。

作为父母，你对培养孩子的动力起着关键的作用。你可以改变孩子对待学业的态度，鼓励他对学业任务保持兴趣并持之以恒。

以下是一些培养孩子动力的诀窍：

· 提供温馨、包容的家庭环境

· 提供简明指导

· 经常提供反馈

· 以身作则

· 培养孩子的非学业性强项

· 使学业任务与孩子的其他兴趣相匹配

· 帮孩子树立目标

· 为完成目标设立一定的框架，进行一定的组织和计划

· 做作业时提供一些选择

· 强调所取得的进步

· 当所期望的行为出现时加以强化

· 和孩子一起选择适合他兴趣的奖品

研究并理解学习方式

这个问题是多年来经常被研究的对象。自从上世纪 70 年代初开始，研究者们就一直在研究个人学习风格。他们一致认为，在任何一个有代表性的课室中都会有各种各样的学习模式。了解孩子的学习方式可以有助于攻破因作业模式低效而影响学习的问题，低效的做作业手段之所以低效是因为孩子没有掌握所学的东西，没有完全理解所授的知识。

孩子学习的方式各有不同。要更好地理解孩子是怎么学的，可以考虑四大类较常用的学习方式。每种方式都展示出很易识别的一些特征。教育家们比较喜欢的一种理论主要是针对以下四种学习模式：视觉性的、听觉性的、肢体性的以及触觉性的。这些模式是以学习过程中对五官感觉的运用为基础的。孩子对某种感官的偏好决定了他使用某种学习方式。

视觉性学习者最易记住视觉信号。他往往记得人的面容而不是人的名字，善于阅读，爱好想象。他对以阅读、张贴画、图表和录像形式展开的教学吸收较好。视觉性学习者：

· 记大量笔记

· 经常闭目想象和默记

· 穿着整洁干净搭配讲究

· 插图讲解和视觉展示较能让他受益

· 喜欢有丰富视觉意象的书面或口头语言

· 喜欢安静而宁谧的周围环境

听觉性学习者最易记住的是听觉信号。他容易记住介绍的人名，对听音教学反应较快，而且写的时候喜欢出声。他从以讲座、讨论、提问形式展开的教学中受益更多。对这类学习者可以用的一些好方法是，结合要学的内容唱歌、听磁带、编儿歌、使用记忆术。听觉性学习者：

· 记人名而忘记其面容

· 不太会搭配衣服，但能解释为什么这么穿

· 喜欢哼歌或自言自语

· 喜欢听自己说话也喜欢听别人说话

· 喜欢大声朗读

· 通过口头描述记得最牢

· 看地图或图表有困难

· 在嘈杂环境中学习可以不受干扰

肢体性学习者在做的过程中学、在试验过程中学、在参与过程中学。他记得所做过的事，而不一定是所看到的或听到的，对学业任务或家庭作业集中不了注意力。肢体性学习者最能从操作、角色扮演和手工等动手性教学中获益。肢体性学习者：

· 坐不安分，需要四处走动，很活跃，频频需要休息

· 说话时伴有手势

· 不时找借口四处走动

· 厌烦了的时候不安分地乱动

· 较依赖直接经历过或表演过的事

· 喜欢操作性的材料

触觉性学习者喜欢靠手和手指来学习。他通过写、画、涂鸦可以学得最快，而且很有创造性。他最合适以缝补、涂色、画画形式展开的教学。触觉性学习者：

· 在学新概念时需要手触实物

· 喜欢设计东西

· 喜欢给书面作品画插图

· 觉得雕塑、涂色、画画等活动令人放松

· 喜欢具体可触的鼓励（比如拍一下肩膀）

学习方式方面的理论表明，学生有一种主要的学习模式，其次有第二、第三、第四喜欢的学习方式。了解孩子所偏好的学习方式对帮助孩子做家庭作业非常有用。在做作业时把“多感官”或“多模式”方法运用到学习上能刺激和强化学习过程。对这种多感官或多模式学习方式的运用能够使惯于失败的孩子走向成功，满足在学业上岌岌可危的孩子的需求。这种方法会使你有能力摸透孩子的学习喜好，即使他所喜好的学习方式表现得不很明显。

如果教学方式不适合孩子的本性，孩子就会颇感艰难。如果你准备好一系列不同的教学展示方式，孩子在吸收时就能用上他的强项（视觉、听觉或触觉等）来达到学业成功。记住，在教孩子和帮助他完成作业时从没有“一种”对的方法或“唯一”一种方法。有了对不同喜好方式的了解和对现代技术的运用，今后帮助孩子完成作业就有了一个新的角度，从而有助于你一如所愿、成功地满足孩子学习方面的需求。带着你的创造性、带着你的知识、带着你的动力，你肯定能迎接这个挑战。

识别并运用作业技巧

对忙于学业任务的好学生来说，家庭作业占了其五分之一的时间。常规班和特教班都有很多孩子在作业方面存在困难。因此我们不时需要一点应对策略来解决他的作业问题。这里存在的麻烦是，老师布置任务让孩子在家里完成，因此完成作业的环境是老师所无法控制的。众所周知，家庭生活的方方面面都影响孩子家庭作业的完成情况。做家庭作业给你提供了一个独特的机会，可以分享孩子在校的成绩、孩子的成长和孩子未来的学习。同时也是让你日复一日参与孩子的在学生活、表示你对他学习的关注及对他潜力的信任的一个大好机会。

孩子圆满完成作业的能力始自你对责任、努力和勤奋的重视。同样也要求你帮助孩子发展做作业的技巧，而且发展与孩子及其老师的合作同盟。不管怎么说，完成家庭作业不但对学生而且对家长来说都是一个挑战。但只要你有计划就用不着害怕它了。

自 19 世纪初以来家庭作业就是美国教育所不曾缺少的一部分。在孩子的学习过程中家庭作业起着怎样的作用？老师们有时依靠家庭作业来完成未讲完的课堂内容，提供额外的操练；更重要的是，让家长能得以了解孩子在学习方面的进展。老师和家长都认为，做家庭作业有助于培养孩子自觉做事并发展自我管理技能。如果你也像其他大多数家长一样的话，你肯定对家庭作业是百感交集。即使在最理想、最健全的家庭环境下，家庭作业也可能成为导致亲子危机的最大祸首。如果你也像其他大多数家长一样的话，你对家庭作业的感情肯定是复杂的。有时积极愉快，更多的时候颓丧低落。遵照以下久经考验的方法，你便可以化沮丧为振奋。

1. 调整家庭客观环境是作业成功之首要

·选择合适地点　在是否能圆满完成作业方面，孩子做作业的地点（在孩子卧室，还是餐桌上，还是客厅安静的一角）是跟所需的学习技巧同等重要的。指定一个做作业区，使环境的功能分工明确，有助于改善做事习惯，避免拖拖拉拉。

·众口一词达成一致　首先，所有家庭成员必须一致认可家庭作业的重要性。规定特定的时间和地点用于完成家庭作业，不受外界干扰（宠物，游戏机，电视，朋友）。达成这样的一致有助于学习气氛的形成，这有益于使孩子继续努力。

·形成日常常规　保持前后连贯是学习过程中的一个至关重要的因素，对那些需要条理化的孩子来说尤其如此。把做作业时间写在日常时间表上，并日复一日执行，这种固定时间、雷打不动的方法有助于让孩子明白做作业的重要性。久而久之这种惯例性的时间表就转化成了习惯——“我们家一贯以来就是这么做的”——从此对它不会有任何质疑或争辩。说到作业，不管是孩子还是家长都会涌起低落的情绪，比如失败、苦恼、厌烦、不知所措甚至生气。当我们还是孩子时我们当中的绝大多数就不喜欢家庭作业，很可能现在做父母了也还是同样如此，但这就是生活！我们愈早调整对待作业的态度和改善作业环境就离学业圆满愈近。

· 创立作业检查清单　设计一张作业检查清单或张贴纸，把它放在指定的做作业区里最醒目的地方。作业的完成质量和完整度可通过回答以下问题得到快速检查。完成作业之前、之中、之后都可以参考以下清单：

□ 是否写上了姓名和日期？

□ 是否严格按照题目要求做的？

□ 作业是否整洁、字迹是否清晰？

□ 每句话是否以大写字母开头？

□ 还有无其他的重要单词需要用大写字母？

□ 每句话句末的标点是否正确？

□ 每个单词是否拼写正确？

□ 每句话思想表达是否完整？

与数学相关的作业还需考虑以下问题：

□ 我选择的是否是正确的运算法？

□ 我有没有完成所有的接替步骤?

□ 我写的数字是否清晰易认?

□ 我写的数字有没有对齐位置?

这种方法最初可能会看起来有些费事。确实要费不少额外时间，但很快就会习惯成自然，从而变成学习过程的一部分，使孩子逐渐对之有所倚赖。你顷刻可见这样做的效果。每周只需花那么几分钟时间，你就可以充分带动孩子的潜力、深化他的技巧，帮助他在作业这项活动中游刃有余、保持上游。

· 挂上“请勿干扰”警示牌　如果孩子自己愿意装饰这块牌子也可以。把它挂在全家所有人都能看见的醒目地方。这种视觉信号突出了作业这项任务的严肃性和重要性。

· 提供家庭作业工具包　在工具包里装上所有的文具。把它放在指定做作业的地点、放在孩子触手可及的地方，随时待命。

2. 判断哪些任务孩子能独立完成

你同样还需确立你用什么样的方式来检查孩子完成的作业。等孩子先做完能独立完成的作业，然后帮助他处理那些需要大人协助的作业。在作业方面并非人人都能和某个特定的孩子配合得同样好。如果父母或兄长都无法与孩子取得有效的协调，那可能就需要找家教了。所有关注家庭作业的人都应该知道，在作业过程中建立起来的关系应该得到足够的重视，这点相当重要。

· 先做容易的　可让孩子完成他所能独立完成的作业。这可以给他树立信心并为作业环节定下基调。

· 运用联想技巧　通过联想将未掌握的新内容与已熟知的旧知识联系起来：“如果你会拼‘book’，那就试着拼一下‘cook’—— 把第一个字母换一下就行了。”或者：“两千磅等于一吨；一辆小型汽车大概也就两千磅重。” 使用数学知识来解决日常生活中的问题：“我们上次开车出游用了多少汽油？”“我们每周的伙食费中百分之几用于买零食了？”或者“假设把一条块状糖分成 6 份，你是要其中的一块（六分之一）还是要其中的五块（六分之五）？”运用类似的算式关系来发展孩子完成作业所需的某些技能。

即使孩子独立做作业你也应该在离他不远处随时待命。有些孩子喜欢家长紧坐其侧。有些孩子会需要你跟他一起看题。要确保孩子理解题目要求并按要求做题。你简直不知道有多少孩子的作业做错了，家长也没过目也没签名就这样交给了老师。孩子把作业做错了往往不是因为他不会做，而是因为分心，想着别的事了，或者干脆就是不想好好做。等孩子对家庭作业整个做得熟练了、对他自己的能力更有信心了，你就可以慢慢放手。

· 为完成作业设立目标　设立目标，用钟或计时器来帮孩子形成完成任务的时间观念。鼓励孩子自己承担起作业责任。不要因为作业的事跟孩子唠叨个没完、争辩个不休。

3. 遇到难题给予提示和指导

有时在你看来很浅显的一个概念孩子却怎么也看不明白，你往往会因此烦躁起来。如果出现这种情况不妨试试以下的方法。

· 将课文与图表区别对待　让孩子在阅读文章之前先看其中的插图、表格等。视觉信号往往可以提供不少信息，甚至不用读课文都可以回答某些问题。

· 使用类比法做数学题时，列一个步骤表，帮孩子记住解题所需的程序和次序。比如，与孩子一起做除法时，在作业纸顶端写下“DMSB”或其所代表的“爸 (Dad)、妈 (Mum)、姐 (Sister)、弟 (Brother)”几个字，这可以帮他记住较长的除法算式的以下几个解题步骤：除（Divide）、乘（Multiply）、减（Subtract）、分解（Bring Down）。

· 交换角色 做作业时可以试着交换角色，让孩子扮演老师，而你扮演学生。让孩子进行讲解，这个讲解过程同时也是最好的学习过程。

孩子拖拖拉拉不愿做作业确实令人头疼，这时你只需告诉他：“你做也得做，不做也得做”。不过，如果这事把你和孩子之间的关系搞得很僵，你可能就该理理头绪并寻求帮助了。比较管用的建议是找个邻居或高中生来看着孩子做作业，或者花点钱找个家教。这样不管对你还是对孩子都会更好，如果你和孩子就是没法合作好的话。

4. 给予肯定即是真诚鼓励

我们谁都不可能一个星期七天、一天 24 小时连轴转。你的孩子如果显得有些懒那很可能是上了一整天课有些累的缘故。字迹不端正、不整齐很可能是因为作业纸上没有格子线或不够地方写答案。如果作业太多使孩子疲惫不堪、精神不振，你可以跟他轮流朗读要读的段落。如果是数学或拼写练习，可以轮流做题。跟他说："你做单数题，我做双数题。这样我们很快就可以做完。"你只要这样做一次，就等于帮了所有想跟老师抱怨作业多、难度大的家长一个大忙。请求老师调整作业难度或减少作业量。如果孩子没有掌握所学的某个概念，让老师再讲解一遍或问问老师你在家能怎样帮孩子巩固。

· 对作业过程和步骤进行调整及改动　要有点创意！调整和改动作业的过程比管教孩子还要重要，务必使节奏明快些。记住，作业的目的是通过练习掌握所学的技能。尝试新方法会给学习和成长都提供新的选择和新的刺激。即使很小的小孩都会有新奇独到的观察。应该鼓励他在思维上发挥想象力和探究力，在表达方面发挥措词能力。对一个孩子来说让他最感到无趣的就是，他带着某个新的发现或使用某种新的表述想在父母面前露一手，父母却毫无反应、淡然处之。当孩子带着问题来找你或者想跟你倾诉他对事物的看法时，你要以颇感兴趣的样子细心倾听。你并不需要为他的每一个想法都拍手称好，甚至用不着对每一个想法都表示赞同，但对孩子的独立思考你应该表现出真诚的肯定和尊重。

· 对孩子的勤奋给予口头肯定　在作业过程当中对孩子表现出来的勤奋和创意予以肯定，而不是熟视无睹。肯定的方式可以如下："从这段话可见你很有想象力！"或者"你真能一鼓作气。这么快就做完了。你真棒！"

5. 着眼于作业的本来目标

有时，社会性科目、数学或理科科目的作业因其字词句的难度好像变成了阅读补充作业。记住这类作业的本来目的，不要因孩子在阅读、拼写和算术方面的困难而影响了该类作业的初衷。告诉孩子一个他不认识的字或者数字的目的是让他能够就此获得该类科目的知识或找到所需的答案，而不是着眼于教他阅读技巧。这样的话你才能培养起他对社会性科目、数学或理科科目的兴趣，而不是激起他对阅读的反感。

· 孩子的作业孩子做！　你也许会问，是不是真的出现过父母帮孩子做作业的现象？确实出现过！当然你是肯定不会用这种手段来帮孩子的，连想都不要朝那方面想。但有时看孩子实在完成不了，出于无奈，确实有些家长帮孩子做家庭作业。（如果你不得不走到这一步的话，你至少把答案写在另一张纸上，然后让孩子把它抄到他的作业本上。）如果你帮孩子做作业，那等于是给他传递了一个什么样的信息？想清楚这一点！最好的办法是给老师写个留言条，解释一下前一晚的实际情况，请求把作业时间延长一些。多数老师都很体贴，如果不是再三如此的话，他是愿意通融的。

6. 使用作业登记本

如果要帮助孩子培养做事有条理的习惯，最好就是给他准备一个作业登记本。有不少孩子还需要学一学作业登记本怎样使用。示范给他看该把作业登记在哪里、怎样登记，比如可能使用缩略形式。每完成一项作业就在登记本上的相应项旁边打钩。更好的做法是家长在检查过的作业项旁边签名。如果你同时能在登记本上写上一两句话告诉老师孩子当晚完成作业的情况，那对老师也颇有帮助。很多老师会在他评改作业后给回反馈，或者给你提供一些有助于将来完成作业的有用的点子。

如果哪一天孩子的作业登记本上空白一片，那就得让孩子跟他的同学打个电话。一定要有一张他同学的通讯名单，以便哪一天作业不明确的话致电询问。如果登记本上字迹不清或者作业登记得前后不一致，把问题反映给老师。他肯定会给你提供一些好的建议。

告诉孩子老师是如何标示作业的完成情况的，这是一种很有用的策略。类似的反馈正是某些孩子所需要的，有助于使他走对路子、不落下。我对我的很多学生都用过这种技巧，令孩子和他的父母都大开眼界。让学生用绿色的荧光笔标示已完成的作业，用黄色标示迟交的作业，用红色标示未完成或未交的作业。根据每个学生补写该作业的情况，黄色既可以变成绿色也可以变成红色。或者把这种方法再简化一些效果也是一样的。学生可以简单地在作业登记本相应的作业项旁边加上绿点、黄点或红点。这两种标示方法都令人一目了然，如果登记本上出现大量红色或红点，那就表示这个孩子经常完不成作业。绿点占多数则大可庆祝。如果整一周每天作业都完成得好（都是绿点），那你得考虑给孩子一点奖励。让孩子自己选择想要什么奖励，比如租一部他想看的影碟，去他喜欢的餐厅吃饭，或给他多一点时间玩。这虽然都是些小意思，但可以让孩子明白作业是很重要的。

即使哪天没有布置作业，你也要照常在当天的作业登记本上签名。让自己养成每天签名的习惯。这种前后一贯、持之以恒的做法也许正是使孩子从此每天惯于并乐于做作业的灵丹妙药。在作业登记本上给孩子的老师写上几行，告诉他孩子完成作业的情况。如果你每天都检查孩子的作业登记本的话，你也许就用不着抱怨家长会时间不合适使你没法参加，也不会要到收到孩子成绩单的时候才发现你一直不知道孩子作业完成得不好。每天在登记本上签名并和老师交流情况，这是非常有效的做法，让家长和老师能随时发现孩子在哪方面出现了困难。及早发现就有时间及时处理，不至于到时候亡羊补牢。

·使用日历或挂图　如果必要的话，使用日历或挂图作为作业登记本的延伸，以安排孩子每周的时间表：要做的家务，测验的时间，棒球练习时间，或同学会碰头日期。这样他就对每周要做哪些事情心中有数，而不会临时抱佛脚。

· 上学前例行检查孩子书包　作业做完后的当晚或第二天早上要检查他书包，看要用的东西是否都已放进去（书、装订机、作业、登记本/笔记本等等），是否已准备好新的一天的课程。做作业需要一系列技巧，而这些是老师不会直接教的。然而圆满完成作业的这些技巧，比如时间安排、组织策略，即使在毕业后也对孩子十分重要，因此不但在学校要教，在家里也要教。

不少成年人都不断寻求方法改进自己的技能，而且往往为此花上大量学费。作为家长，你如果能和老师同心协力，可以为孩子提供很大的帮助，让他学会为自己的学业承担起责任，并获得这些毕生有用的基本技能。只要有耐心、有见解、有具体行动计划，你就可以避免这一学年"误了这趟车"，并帮助孩子在作业方面取得成功。你甚至还可以对孩子的学业表现出比这更多的兴趣，不时翻翻他的课本，看看他在学校学了些什么，顺便筹划一些相关的家庭活动，与学校所学的内容相呼应。

7. 了解孩子的老师

在家庭作业方面关键的并不是要不要帮助他完成作业的问题，而是怎么样帮助他的问题。有时，与其提议老师了解你孩子的需求，不如你自己去了解孩子的老师，并教导孩子顺应老师的价值观。我们都曾在校外家庭作业方面寻求过帮助，你孩子也不例外。

要让孩子学会好的学习技巧，老师和家长必须同心协力。最重要的是帮助孩子养成好习惯，设计出适合所有孩子的一套体系，并始终如一地贯彻。孩子所偏好的学习方式各不相同。孩子应该根据家长和老师所教的内容摸索出自己的学习方法，找出最适合自己的一套学习方案。根据老师提供的完成作业方面的建议来教孩子组织技能，改善学习技巧。记住，跟孩子老师合作的主要目的是改善孩子的整体学习情况，培养好的学习习惯。

每学年初家长与老师的见面会是全面了解家庭作业方面的期望、规则和标准的最好机会。问问老师他在哪些科目方面打算布置作业，布置多少，大概需做多长时间。有些学校还提供作业手册供家长参考。如果你有幸享受这一待遇，一定要经常翻翻它。

· 请求进一步测试　如果孩子的作业完成情况与老师的期望之间存在差异，那就跟老师谈谈替换性的办法。作为家长，你描述一下孩子在家做作业的整体情况也能有助于问题的解决。有时则需要老师根据孩子的水平调整作业的难度才能解决。如果孩子在学校和在家做作业都颇有困难，而老师却没法就其原因给你清晰合理的解释，那你就要请求学校给孩子提供基本的测试。这是你的权利，更是你孩子的权利。如果老师布置的作业的量和难度都与孩子的水平不相称，你就有责任跟老师谈谈，请求改变和调整他对孩子的期望。

8. 时间安排方面的考虑

安排时间也就等于管理好自己！这是使人生活更快乐、做事更高效、行事更管用的一种方式。是孩子不但在学校而且在今后的一生中都需要的一种策略。它使你的孩子能够：

· 生活有道 有张有弛更均衡

· 空闲更多 学习之后可玩乐

· 效率更高 截止期前交作业

· 成功更大 校内校外都圆满

学会安排时间技巧的最大好处是孩子不会在一些小事上枉费时间。在你的帮助下，他只要按以下来做就可以走上善用时间、张弛有道之路：

①在纸上列出要做之事。

②将所列之事分成两类：固定时间的（如作业）和灵活处理的（如休闲时间、邀朋友到家里玩）。

③先完成有固定时间的任务（如上学、睡觉、吃饭、约会）。

④设立优先顺序，标上相应号码。

⑤更新列表。将已完成之事划掉，添加新的要做之事。

⑥设计一张时间表。将最佳时间用于学习和游戏。这能让他学会掌握时间。

⑦经常看时间表、用时间表、照时间表来做事。成为时间的主宰！

⑧家长进行监测和调整。

知晓并分享应试策略

使大多数学生苦恼的是，上学就离不开考试。其中的很多学生对时间安排和应试压力都可以应付过来。也有些学生一想到考试就无论身体还是心灵都倍感重负。在这种情况下，多数时候考试无法准确衡量你的孩子对科目知识的掌握程度和他吸收、处理、记忆信息的能力。有很多方法可以帮你的孩子在考场上打一场轻松漂亮的翻身仗。打消他对考试的顾虑，改善应试表现和应试效果。以下是一些驱散考场恐惧症和忧虑症的实用方法：

考试前

· **使用学习指南**　如果孩子的老师通常不提供学习指南，问问他能否在这方面考虑一下。如果答复是否定的话，你可以自己为孩子设计一个，以下是各种各样的诀窍。

①把理科或社会性科目的某个章节的中心大意写在一张 3×5 厘米的索引卡上。用心记住！

②写下一些不完整的句子。让孩子填空。写上答案。记住其中心大意！

③给课文或故事中的生字进行注释。简洁明了地解释其字义。逐一记住！

与其让孩子在一些不甚相关的细节问题上枉费时间，不如让他专心记主要的、中心的内容。阅读、研习并熟记所选课文中的主要纲目对提高考分效果显著。不过不要填鸭式地灌。在考试前一周，每天用于学习的时间要缩短。这样孩子会感觉压力少些、记得更好些。

· **专心听题** 提醒孩子专心听题并按要求做题。在刚上小学时，考试的题目要求不但在卷面上写着，老师还会口头再念一遍。向孩子强调，如果他一眼看不明白题目要求，就要询问老师以明确一下。宁愿麻烦求个稳妥，以免做错百般懊悔。小学的考试通常不计时，即使是限时考试也要建议孩子用一点必要的时间进行检查，确保他看明白了题目要求，没有答非所问，这样才能保证考试成功。

· **睡个好觉** 在考试的头一天晚上睡个好觉，这是为考试能做的第二个最好的准备，除了学习、学习、再学习之外！

· **早餐吃好** 可别低估一顿好早餐的作用。有些孩子不喜欢一大早起来就吃饭，那也可以。如果这样的话，把早餐让他带着，可以在车上吃，或者考前或者课间在辅导室吃。如果他不想在考前吃，那考完后肯定吃得更开心——因为这时整个心情放松了。

· **"尽力就好"** 向孩子强调考试一定要尽全力。但不要给你的期望加上具体的限定词。应该说："不管什么时候都要尽最大的努力"，而不要说"给我考个 A+ 回来"或者"我知道你一定能拿 100 分"。"尽力就好"，这样一条简单的规则能给孩子减去莫大压力。

考试过程当中

· **看清题目要求** 通常老师会向全班朗读和解释题目要求。如果没有的话，提醒孩子自己仔细看题，并记得在看不懂题的情况下举手问老师。

· **快速浏览试题** 很多学生忽视应试技巧。通常学生完成简短而容易的部分后会更有信心。这样的话做接下来的题就不会有那么大的压力。浏览一遍试题后孩子就会心中有数，也能掌握答题速度，以有足够时间做更长更难的部分或写作部分。

· **跳过拦路虎** 告诉孩子必要的时候要跳过难的题而先做容易的。与其在一道不熟悉的题或太难的题上浪费太多时间，不如先跳过不做。在所限时间内准确地做完较熟悉的题目反而可以使孩子得分更高。如果离考试结束还有时间的话，他便可以回到难题上面慢慢琢磨。

· **仔细检查** 提醒孩子检查有没有漏题。漏题现象相当不少。一旦试卷交上去，再想改正或补做就迟了。如果有时间，要检查拼写、标点、大小写，还有语法。数学考试则要检查运算符号，粗心做错的地方，比如该做减法处做成了加法，这可会大大影响分数。

考试后

没有什么考试能够衡量出一个孩子的价值！ 告诉孩子以下几点，让他能正确看待考试：

“一次考试只是你成绩的一部分。最重要的是你能理解所学的科目内容。一次考试没考好并不等于你整个学期成绩不合格。你的上课情况、学习态度、日复一日的努力当然还有你做作业的情况才构成你最终的成绩。”

“相信你下次一定能考得更好。内容和有趣度都会有所不同的。”

“我们看看怎样能帮你下次考得更好。”

“考试确实充满压力。我们谈谈怎样能让你更好地把握考试环境和控制考试情绪。”

最重要的是，在跟孩子说话时要略带幽默，使家里笑声更多。使孩子相信生活充满快乐——即使考得不太好的时候！

有关标准考试

标准考试有助于检测孩子的进展。标准考试的成绩可用于与全国同年级的孩子作横向对比。学校也以标准考试成绩来衡量哪一个领域的科目需要强化。这类考试通常所涉科目极广，而且往往无法准备。最好的备考方法就是按时定期做功课。当然，也可以和他分享以下应试技巧：

· 看题仔细

· 平均分配答题时间

· 检查答案，确保答题卡上的题号顺序与试题序号一致

头天晚上睡个好觉，当天早上吃顿健康早餐，也会大有帮助！

认识并实施动力策略，千万别误了这趟车！

交通路牌
#3

一站！二看！三行动！

认识并实施动力策略：

1. 了解并探寻动力之障

害怕失败

渴望关注

对学业不以为然

情绪问题

充满愤怒感

缺乏挑战性

2. 研究并理解学习方式

视觉性学习方式

听觉性学习方式

肢体性学习方式

触觉性学习方式

3. 识别并运用作业技巧

调整家庭客观环境是作业成功之首要

选择合适地点

众口一辞达成一致

形成日常常规

创立作业检查清单

挂上“请勿干扰”警示牌

提供家庭作业工具包

判断哪些任务孩子能独立完成

先做容易的

运用联想技巧

为完成作业设立目标

遇到难题给予提示和指导

将课文与图表区别对待

使用类比法

交换角色

给予肯定即是真诚鼓励

对作业过程和步骤进行调整及改动

对孩子的勤奋给予口头肯定

着眼于作业的本来目标

不要把社会性科目、理科或数学作业变成了阅读补充作业

使用作业登记本

参看日历或挂图使之条理化

上学前例行检查孩子书包

了解孩子的老师

问问老师如何能更好地辅导孩子的功课

与老师同心协力解决作业方面的顾虑

参加“家长老师见面会”

使用学校提供的作业手册，如果有的话

如果孩子在作业方面一直存在问题，请求进一步测试

时间安排方面的考虑

学会安排时间的技巧

安排时间、管理自己、管好孩子

4. 知晓并分享应试策略

考试前

使用学习指南

专心听题

睡个好觉

早餐吃好

“尽力就好”

考试过程当中

看清题目要求

快速浏览试题

跳过拦路虎

仔细检查

如果还有多余时间，回头再做难题

考试后

记住，没有什么考试能够衡量出一个孩子的价值！

> 知道如何提供建议，这才是最佳的教学艺术。
>
> ——亨利－弗莱德雷克·阿米尔

第四章

系好安全带！

——教子有方 管束无泪

孩子行为背后的动因是什么？

如何能让孩子听话？

如何能让孩子在生气时不要恣意任性？

我该用怎样的手段帮孩子化解冲突？

4

行为背后有动因 多多了解寻对症

待错误行为发生了再去处理往往作用甚微、为时太晚，对预防将来出现类似行为收效不大。不过，这儿有好招！只需带着未雨绸缪的心态，执行一套策略性的行动方案，你就可以将孩子的错误行为防患于未然。要用这种新方法成功控制孩子的消极行为的话，需要一步一步来。很有可能你当前使用的方法实际上起的是反作用，没法实现你预期的效果。

你想让孩子成为什么样呢？你想让他独立思考、自有主张、事事采取主动、常常预知所作抉择的后果吗？当孩子做他所乐于做的事时，很容易让你觉得“喜欢他”、“容易跟他打交道”，而且孩子自己也觉得“自在”很多。但问题是，他做那件事是否真能有所收益？乖巧听话的孩子往往是由外驱力驱动的，因为他怕大人不同意，怕受到批评，怕得到惩罚。另外一些表现懂事的孩子则是由内驱力驱动的，是他自己的心理需求；而不是取决于别人。如何能让孩子做到这一点呢？

如果你现在所用的管教方法是强调自我管理和个人责任，那这远远不够。对孩子的行为不能仅着眼于外力驱动。否则孩子今后的代价可就大了。他只会根据别人的需要来做决定。讨好你、取悦你成为他获取认可和赞同的原动力，这只会让他以为只有在做了别人想要他做的事时他才是有价值的。我们要警戒自己，绝不能让事情发展到这种地步，但有时我们越想不要这样，某些貌似无关大碍的言行却反而越强化了孩子的这种行为。

你可以期望孩子跟你合作，但在此之前你得明确从合理的角度你期望他做些什么。每个孩子都是才能与行为的独特混合体。有些行为是永难改变的。有些特质会增强，有些会减弱，但是因身心发展、因性情、因遗传、因环境的缘故而不太可能会就此消失。记住，孩子的行为都是有所目的的。你很可能无数遍问过自己：“我的孩子为什么表现不乖？”

大多数孩子的行为背后都有动因。孩子想要被接纳，想要有归属感。如果正面行为无法让他有归属感，他就觉得调皮捣蛋、故意搞怪反而更有意思。信不信由你，孩子行为不端都是有目的的，不管是有意识的目的还是无意识的目的。

孩子是不是以此索求关注？

如果孩子觉得表现不异常则无法引起大人关注的话，他就会故意表现不乖、故意做点气人的事来吸引别人的注意（比如：踢桌脚、尖叫、故意打断大人说话）。也有些小孩吸引别人注意的方式完全不同：啥也不做、消极反抗（比如：晚饭已经上桌了，连叫他几遍吃饭，他仍然一动不动地坐在那儿看电视）。即使孩子没有做“出格”的事，这种消极抵抗行为仍然应该引起我们的注意。

孩子渴求关注的家长亲子策略

· 故意无视他的调皮行为。什么也别说。不表现出任何的不快。

· 给他几个选择：“你要么安静地看电视，要么到外面玩去。你自己决定。”

· 如果给他选择还不管用，提一提可能的后果：“我打电话的时候你最好去做点别的有意义的事，要不你就别想再用电话了。”

孩子是不是借此耍威风？

当孩子觉得唯一能让他有归属感的方法就是让他有“掌控权”，那他就会通过某种不良行为来控制局面、占上风。他不但想控制周围环境，而且想让父母也听他的，比如对着父母大喊（“我不会照你说的做的！”），或者大发脾气。通常在这种情况下，父母与孩子之间的关系不好是导致该类不良行为升级的原因，而后父母又因此大为恼怒，甚至痛予还击。于是产生恶性循环、没完没了，其实只要父母稍微让步一些，孩子的不良行为则自然停止。

如何看待孩子顶嘴

孩子顶嘴很明确地表明你和孩子的关系中缺少了点什么。克服这种坏习惯的最好办法就是你们之间的有效沟通。有时，孩子碰上了烦心事，但又不知该如何告诉父母和寻求帮助。不管怎么说，作为父母，顶嘴是对你不敬的表现。如果孩子顶嘴却没有受到批评，就等于是告诉他可以不尊敬你和其他大人。

孩子顶嘴时要及时作出对策并且要前后一致。告诉他："不许顶嘴。"重要的是，不要允许孩子就引起他顶嘴的那件事进行辩解，那样反而让他显得理直气壮了。用决绝的语气告诉他："不能顶嘴就是不能顶嘴，没得说"，或者，"我不能容忍别人顶嘴。" 如果孩子长期以来一贯有顶嘴的毛病，你要立刻把它当作一回事来处理。告诉他："从现在开始，任何人都别想跟我顶嘴"。 如果要强调你的坚决，可以给他列出继续顶嘴会引起的一系列惩罚性后果。最重要的是，要坚决按此执行到底。如果在执行的过程中半途而废或者临时改变所定的惩罚，那你永远也达不到管教孩子的目的。对待顶嘴的孩子要细处着眼、简明干脆、严肃处理。只要前后一致、真心为孩子好，顶嘴的现象就会慢慢减少乃至最终消失。帮助孩子克制顶嘴的冲动等于帮了孩子的一生一个大忙。你能想象吗，如果不克服这个坏习惯的话，顶嘴不但会影响他在学校的表现，而且会影响其今后的工作。

力求掌控孩子的家长亲子策略

· 保持沉默在先，语重心长在后

· 列出惩罚后果，坚决执行到底

· 一声不响离开，沉默表示抗议

· 避免正面处理，采取迂回策略

· 转移孩子视线，从事另项活动

孩子是不是想以此跟父母扯平?

在和父母交锋落败之后，报复心强的孩子往往会做出不良行为，以图跟父母扯平。他的言行可能会既伤人又害人，比如对父母粗鲁无礼甚至造谣诽谤。结果造成父母和孩子之间持续的“冷战”。

孩子喜欢报复的家长亲子策略:

· 拒不反驳或反击

· 视若无睹

· 等互相都平静下来之后好好谈谈

孩子是不是想借此让父母放弃?

有时，孩子碰到有点难度的事就放弃努力，比如课业或高难度运动。通常是孩子自感难以成功的某个领域。一旦孩子放弃，家长也感到很无望，也就同样放弃了。如果这样的话，孩子的目的就达到了：让家长对他不再抱有期望。

孩子总爱放弃的家长亲子策略：

· 不要可怜他。

· 用言行鼓励他。

· 去他的运动场地看球，夸他："哇，好球！我就知道你很棒！"

· 去参加孩子的学校活动。可以这么说："你写的故事和画的插图都是最棒的！"或者，"读你的作业真是一种享受，我觉得你画的插图跟故事配得简直相得益彰。"

无泪管教好处多 双方愉快易合作

如果你孩子的行为需要某种干预，考虑试试"无泪管教"！这是一种以"双赢"哲学为基础的预防性管教法。其重心在于权衡所有人的需求（包括家长的需求、孩子的需求，甚至第三方的需求）。所有当事人都感到备受尊重。这种预防性方法之所以有效是因为它植根于这样一个理念：孩子有逆反心理，不喜欢被父母控制。仅仅为了"控制"孩子，你就得花上大量的时间和精力。这种出现了问题之后再进行的控制实际上剥夺了孩子增强自信心、形成责任感、培养自控力的机会。

运用本书策略能有效将大多数纪律问题防患于未然，请使用"无泪管教"以发展双赢管教法！了解一下这个高度有效的管教计划及行为期望计划，一共六个步骤。创造家庭环境，促成良好行为，减少反复出现的不良行为。学会使用正面的、高度有效的方法来对待不良行为。建立和保持一种既对你也对孩子管用的管教法，效率高而且见效快。最重要的是，这种管教法既能维护你的尊严也能维护孩子的尊严。以下的六个步骤将帮你建立、教你使用、助你始终如一地执行非常管用的若干招数。每一招都对孩子的行为有积极的影响，同时能让他明白你是一心为他好。

无泪管教法能培养孩子在家高度的行为意识，同时能使孩子在学校的表现也大大改善。

第一步：对事不对人

如果要有效地处理孩子的不良行为而又不贬低孩子，那要做的最基本一步就是把孩子与行为本身区分开。跟孩子说："我爱你，但我不喜欢你打你妹妹。"很多时候，你自以为已经把吩咐孩子去做的事说得很明白了，但其实并没有。有时候是孩子没在听或者他没有按你想的那样来理解你所吩咐的事。在这些情况下，你需要重新明确行为上限、行为可选项甚至行为的某些后果。

具体问题具体对待，这需要有合适的策略。比如，你吩咐孩子说："打扫打扫你的房间"，之后提醒了他一遍又一遍他却仍然没去做。别以为吩咐了他之后他就会按时照做，因为通常你所认为合适做这事的时间对他来说却并不合适。这时你就需要把做这件事的时限予以明确。

如果你用以下这种说法来吩咐做事，他应该就会毫不拖延地付诸行动：“做完作业后就打扫房间。”或者，“晚饭前把垃圾倒掉。”只要你吩咐得具体，你所想让他做的事或者你所期望的某种行为就有较大可能在你设定的时限内完成。如果这还不管用的话，想想更有效的激励性措施或惩罚性措施。你可以这么表达：“只要你打扫干净了房间，晚饭后我们就带你去吃冰淇淋。”或者，“你把垃圾倒掉之后就可以给朋友打电话。”使用孩子喜欢的任何奖励。你应该比任何人都更了解他。你知道最能激励他的是什么。假设你不太明确的话，直接问问他想要什么奖励。记住，对他提及的奖励法一定要铭记在心。

第二步：正面强化 给予认可

父母通常会通过表扬另外一个孩子来导出自己孩子的相应行为。记住，积极的肯定是维持和强化现有可取行为的最好方式，而不是改变行为的方式。当孩子做了值得认可的事就该给他表扬和积极肯定。用直白的措词表示对他的认同。正面强化的目的是为了让你开始培养良好的行为。从正面着眼，可以把孩子以为将要遭遇的惩罚转变为他期待的某个承诺。如果你按以下这种方法跟他沟通，就一定能有效地影响孩子的行为：“你一吃完中饭，我们就一起看部影碟。”而不要这样说：“如果你不吃完中饭就别想看影碟。”不管实际情况是怎样的，作出承诺都比施以惩罚更让孩子觉得受到尊重、更动听；也就更容易得到孩子的配合。

孩子朝良好行为靠近，你对此的反应应该是表示认可，这十分有效。认可是相对于表扬来说的另外一种强化方式，当你认可孩子的良好行为时，这种认可既不取决于你的赞许，也没有对孩子给予价值判断。认可只是描述孩子的行为而并不提供价值判断。认可性的话语帮孩子将他的行为与该行为带来的好处联系起来。比如这样说就很有效：“你作业做完了，可以出去玩了。”认可是以任务本身和该任务给孩子带来的好处为着眼点——而不是以你自己的看法为着眼点！

第三步：提供选择 激发动力

激励也很重要，孩子一般选择在特定时间能满足他需要的东西作为奖励。对有些孩子来说，如果成绩单上的一个A能让他得到一美元的奖励，他的干劲就很足了。让孩子自己选择对他来说有意义的奖励说不定效果会更好。

当威胁和贿赂都不管用的时候，给他提供奖励性选项会让他更好地配合和投入。比如，孩子有3项家庭作业。试着给他一些选择。让他自己选择做这3项作业的先后顺序。设定时限和奖励性选项以便他能作出以上选择。千万不要提供太多选项，否则反而让孩子晕头转向。两个选项就足够管用了。

我在小学所教的学生很喜欢一个叫“我没法让小乌龟动起来”的故事。故事中的小男孩想方设法都不能让小乌龟“活起来”并爬到他身边。他试了无数种方法，没有一种管用，直到最后他在龟壳前挥舞起一片生菜叶。这时乌龟从壳里探出脑袋并朝他走了几步——实际上是朝生菜走了几步。在试过无数种方法都没能引它出动之后，小男孩最终歪打正着找到了能激励乌龟的东西。

我经常用这个故事的寓意来和家长讨论孩子的不良行为和管教问题。我并不是想说使用食物这种最基本的刺激做奖励是一种很简单的技巧，也不是说这种激励法每次都管用。你时不时需要琢磨一下能激励孩子的到底是什么。我并不是说这种管教法在任何情况下都总是一用就马上见效或管用，但这确实是一个非常好的起点，可将孩子的不良行为逐步朝好的行为转化。

第四步：明示选择 预示结果

让孩子了解其选择所可能带来的结果，则不管结果的好坏都有助于培养孩子的责任感。只要孩子行为不逾矩，他就能体验到所带来的好处。如果不守规矩，那他就得不到所想要的东西了。记住，这种以结果来昭示的教育比言辞说教更管用。只要事先向孩子明示其行为所可能带来的结果，该行为发不发生则完全由孩子自己决定。明确行为界限、提供行为选择，这样做可给孩子积极的正面强化。

詹是一个很有责任感的 9 岁小男孩，他会很小心地避免吃可能让他过敏的食物。他很怕吃了含红色添加剂的食品后那种难受的感觉。他妈妈说，每次他嘴馋时她只需提醒一下吃了含红色添加剂食品会怎样难受，就起到了最好的预防作用。所以只需稍加提醒就可以使詹远离有害色素，不需要他妈妈费事去想任何其他的惩罚性后果。

另一种重要的做法是根据孩子的年龄和性格来给他定规矩。孩子长大了，你原先所定的规矩就有可能不适用了。很多父母从没意识到有必要检查他原先的老规矩是否还合用。上床时间、使用电话、看电视、玩游戏以及拜访朋友等规则都应该随着孩子长大而有所调整。而且很多时候即使在同一个家庭里，同一条规矩用在不同孩子身上都应该有适当调整适当不同。“我女儿健谈、外向，我往往对她定的规矩多一些”，我的一个学生的父亲说，“我儿子则很内向、害羞，我就摸索着给他设宽松一些的规矩，”如果你放松规矩而孩子并没有自觉表现好，那你就可以恢复执行原定的规矩。你可以这么跟他说：“我们试着让你周六自己决定打扫房间的时间，但你因此两周没打扫房间了。你现在得按老规定周六早餐后即打扫房间。过几个月再看看你能不能自觉打扫。”

有些家庭在每学年初重新审定家长们给孩子定的规矩，然后作出相应调整。如果你已经很长时间没有对家庭规矩做过任何调整，那现在可能就是一个很好的时机。有没有试过“白纸黑字”规则？如果孩子不把你定的规矩当回事，那就将之付诸文字。写在纸上和笔记本上都行，包括规则本身和违规的后果。比如可以这么写：“晚上回家时把单车和滑板放到车库里，如果放在门外过夜则扣留3天不能用。”

第五步：培养工作伦理观

给孩子布置一些小任务，不单包括照管他自己的东西，也要有服务全家的任务。即使很小的小孩都能收拾好自己的衣物，收取邮件或摆好餐桌。这些责任不但能让孩子感觉到自己的价值，也能给他一种独立感。孩子如果从很小的时候起就开始接受日常责任所带来的约束，那他今后就能更适应学校的管教并毫无二话地完成自己的责任。从未受过责任教育而长大的孩子自然在入学后就会视学业为强加给他的既耗时又耗力的不合理负担。

工作伦理观一直是美国人个性中一个相当根深蒂固的要素，如今却好像从校园和工作场所销声匿迹了。从一定程度上来说这得归咎于家长，但你可以从此改变这种态度。让孩子明白在今后的一生中每个人都不得不恪尽己任，尽管有时这种任务既无趣又无助于自身发展。我们必须让他明白，丰功伟绩从来都是刻苦勤奋的结果。这个理念也许是对孩子的健康成长来说唯一最最重要的因素，在家里如此，在学校如此，在这个信息时代更是如此。

第六步：树立良好榜样

作为家长，你有责任以身作则，使孩子能崇敬你，并从你的行动中受到教育。当然，父母也应该语重心长地给予教导，告之这样做不对、那样做不行，但如果父母自己却那样做了，说一套做一套，那即使孩子接受的教导是对的，对他也毫无助益。

如果父母告诉孩子他觉得博览群书很重要，自己却整天玩电脑游戏，那孩子就会得出这样的结论：博览群书实际并不重要。孩子有时比大人都更明白“行动胜于言辞”的道理。好的行为始于家庭。作为父母，你可以帮助孩子培养适应能力和自控能力。就孩子的行为来说，他在学校是否规矩，取决于你和孩子的老师在强化学校守则方面的合作。你可以考虑以下让孩子在学校表现乖巧的点子，从而使之成为孩子学业发展中的助力。

正面影响多鼓励在校行为可改善

问老师要一份行为守则。大多数学校都有这样一份守则。帮孩子熟悉校规，遵守校规。

对孩子的学业活动和课外活动表现出积极兴趣。

向孩子的老师了解孩子的行为模式。

找出孩子不良行为的原因。跟孩子谈心，仔细倾听。

向孩子强调纪律的重要性。

鼓励孩子多谈每天发生的事情，借此了解孩子的行为并相应调整你的家庭策略。

尊重孩子，他也因此能学会尊重你和他人。

我们需要考虑让孩子明白的另外一个东西是体贴他人的重要性，不管是玩耍时还是上学时。很多学业方面的问题究根结底都可归因于孩子在社交方面的困难。社交方面适应能力强的孩子成为优秀学生的可能性也相应大一些。任何时候只要有可能都应该让孩子与更大的群体接触：教堂活动、社区活动、任何让孩子可以与家人以外的人接触而且积极参与的活动。这类环境提供了很好的机会让孩子表现礼貌和尊重他人。让孩子能一整天与来自不同家庭不同背景的大人和小孩接触相处，这是孩子在入学前准备过程中可以学会的最最关键的一课。

宣泄愤怒有方法 化解矛盾无隔阂

当今的学龄期孩子所存在的问题之一是，他没法看到纪律和勤奋的长远意义。因此他往往轻易放弃学业而专注于一些相对次要的东西。他经常不断地表达出负面情绪，作出不当选择，而且宣泄愤怒的方式千奇百怪，不但不体贴人反而还惹恼人。不过现在有好消息了。你可以用以下方式来调节孩子的火爆脾气。

有些孩子一旦感觉沮丧到受不了，便会大发脾气。通常，这类小孩不了解宣泄愤怒的好方法。以下这些技巧可以助你识别并引导那些为日常烦心事而隐忍愤怒或爆发愤怒的孩子。

听孩子谈谈他的感受并乐意就任何话题展开谈话。有些孩子碰上了成人才有的烦恼，但他的身心都还没有发展到能够处理这种压力的程度。不要意气用事、冲动易怒。跟孩子说：“你也许有你的道理，但我们一起来看看事实然后讨论讨论。”

宽慰孩子。告诉他你很关注他所遇到的问题，表现出你相信他能处理好。

告诉孩子每个人都有过愤怒的体验，因此有时感到生气并没有什么错。通过询问来确认生气的缘由。清晰地显示生气的后果并让孩子明白。

可以这么跟他说："如果你这么做，就肯定会有那样的结果。"或者，"你的朋友并不明白你的感受。为什么不跟她谈谈呢？"有必要的话可以帮他约好见面的时间。

鼓励孩子换位思考，一起进行有益的活动来使孩子调整思路、缓解情绪。不管孩子提出什么要求或施加什么压力都不要随意改变你的原有目标。问问他："如果你的朋友这样对你，你会有什么感觉？"或者，"你会希望你的朋友用你对待他的方式来对待你吗？"

教孩子一些基本的处事技巧，不但现在有用，今后也有用。然后放手让孩子自己使用这种技巧来找出解决办法。

一起商量改变目前状况的步骤。必要的话交换角色。看看你自己会怎么样处理愤怒情绪。你的做法是否能给孩子一个榜样呢？

肯定孩子的良好行为。当孩子对愤怒情绪处理得好便立刻抓住机会予以强化。提一提你所观察到的他在行为方面的进步。

有关恃强凌弱

埃尔姆街头公交站等车的一二年级小朋友常常被五年级的萨姆欺负。问题看来是这样，萨姆每天早上坐校车去上学时都想坐车后座，因此他总是强迫坐在后座的低年级小朋友将座位让给他。他父亲知道这事后生气至极，恨不得让他留级一年。但他的校长另有高招。她给他一个选择："你要么坐在分配给你的座位上，要么坐在驾驶座后面。”作出这个选择不难。萨姆很快就克服了想坐后座的欲望。最终他对公交站的小朋友友好了起来，而且还有意识地保护他们。

欺负方式男女各异

男孩和女孩都会欺负别人，但他们欺负人的方式不同。女孩通常是嘲笑或排斥，使用殴打相对较少。男孩则主要采用殴打，其次是排斥，几乎不使用嘲笑这一手段。

如果孩子的愤怒情绪持续不断，咨询一下孩子学校的引导顾问或心理学家，以得到更多所需的信息和有用的资源。

解决冲突有高招 适当调整速搞定

作为父母，你可以制订行动计划来帮孩子解决冲突。你可以按你的亲子方式适当调整以下做法：

识别并面对问题。确定问题的真正性质。想想到底是哪个环节出了错。是不是每个当事人都了解问题的实质？你有没有把你的期望表达清楚？也许问题的症结仅仅是一场误会。

化解消极不利、捉摸不定的场面。也许解决冲突最重要的一步就是转移到一个中立的角度。彻底长谈是化解情感危机的一种有效方法。

创造包容、开朗的气氛。控制自己的情绪，确立牢不可破的规则，不要随便归咎任何人。只要你使场面缓和下来，就可以开始商谈解决办法。所有当事人都必须遵守已定规则。

询问并倾听。听取多方陈述，不妄作判断。某个当事人在诉说时，其他当事人不得打断。然后当事人之间可以互相发问。待你觉得获得了足够信息时则交换角色：你来说，其他人听。

确定事情的影响。该冲突会如何影响所牵涉到的人？考虑一下每个人的感受，提供建议以使场面好转，不能对任何人的感受或信仰置之不顾；否则会带来今后更多的冲突。

寻找大家的共同兴趣。如果大家能在某一点上达成共识，那就给寻求解决办法打下了基础。达成某种一致，即使一致的意见是不同意。你可以先试着承认每个当事人都是为了大家好，虽然每个人对如何实现这个目标有着不同的看法。

讨论可行的解决方案，争取得到双赢的解决办法。听取多方建议，制定有操作性的计划。每个当事人都要全力以赴支持所定计划。

下次有冲突发生时遵照下面几种简单的做法就行了。效果会好得让你惊喜！

快速搞定的四种方法：大建议小课堂

如果你很生气……

如果对方很生气……

如果你觉得可能会打起来……

走开：如果对方打得很凶，你只管走开。谁也没法让你动手打架。

分享：你俩是否有共同想要的东西？分享是避免口角和厮打的最好办法。

谈心：无需争辩。平心静气地谈，看看能一起想出什么办法来。

道歉： 如果你伤了别人的心，自己也很感内疚，那就道歉。通常这会使对方舒服很多，从而你自己也舒服了。

无泪管教法会使你和你的孩子觉得豁然开朗，呈现在眼前的会是亲子的快乐和童年的美妙。如果你觉得你没法“触动”孩子并改正他的不良行为，那就从家庭医生、心理医生或育子顾问那儿寻求专家建议。如果在你进行了行为干预之后孩子还是不断地行为“出轨”，那就表明他需要比你更在行的专家。记得必要的时候寻求专业帮助。你和你的孩子应该得到最好的一切。

无泪管教是一种合作性的双赢方案，但并不是灵丹妙药。在执行的过程中你需要不断地重新考虑你的目标、改动和调整你的理念和行动。与孩子建立合作关系需要时间、耐心，更需要的是你对自己和对孩子的信心。你不时会遇到困难，但千万别误了这趟车！ 系好安全带，坐好别动！将孩子在家和在校的行为引向美好。你的孩子值得你花这番精力！

不要错过这班车！充分利用无泪管教法！

交通路牌 #4

一站！二看！三行动！

有指望了，无泪管教法！

1. 行为背后有动因　多多了解寻对症

你的孩子是不是：

· 渴求关注？

· 力求掌控？

· 喜欢报复？

· 总爱放弃？

2. 无泪管教好处多　双方愉快易合作

第一步：对事不对人—— 吩咐做事、明确具体；

第二步：正面强化 给予认可—— 表达认可、直截了当；

第三步：提供选择 激发动力—— 说清后果、事前提醒；

第四步：明示选择 预示结果—— 说清后果、事前提醒；

第五步：培养工作伦理观——布置任务、力所能及；

第六步：树立良好榜样—— 行动至上、远胜言辞。

3. 正面影响多鼓励　在校行为可改善

· 了解并实施正面影响孩子在校行为的七种方法：

问老师要一份行为守则

对孩子的校内活动表现出积极兴趣

向孩子的老师了解孩子的行为模式

找出孩子不良行为的原因

向孩子强调纪律的重要性

监测孩子的行为并相应调整干预手段

尊重孩子

4. 宣泄愤怒有方法　化解矛盾无隔阂

· 识别并帮助那些为日常烦心事而隐忍愤怒或爆发愤怒的孩子。

· 听孩子谈谈他的感受

· 宽慰孩子

· 告诉孩子感到生气并没有什么错

· 鼓励孩子进行有益的活动

· 和孩子共同解决问题

· 肯定孩子的良好行为

5. **解决冲突有高招　适当调整速搞定**

· 识别并面对问题

· 化解捉摸不定的场面

· 创造包容、开朗的气氛

· 询问并倾听

· 确定事情的影响

· 寻找大家的共同兴趣

· 讨论可行的解决方案

快速搞定的四种方法：大建议小课堂

· 走开

· 分享

· 谈心

· 道歉

> 言辞教导增长的是内在价值，正确管教强化的是内心。
>
> ——贺拉斯

第五章

看路牌：边走边学！

——家校合作关系和家长会

为什么家校合作关系对孩子如此重要?

我在家校合作关系中能起什么作用?

我能怎样最大限度地利用家长会?

志愿参加校内服务有什么好处?

5

家校合作益处多 态度积极联系勤

很普遍的一种现象是，教育家们发现有些父母不但没有承担起教师的合作者这样一种角色，与老师同心协力打造适应能力强、教育程度高的下一代领导人，反而连自己做父母的责任都没有尽到。由于没有完成他的这一“分内任务”，他往往来到学校时对自己孩子的表现一片茫然，往往要问老师“我孩子表现是好还是坏？”有些老师反映，家长说过这样一些话：“我就是没法让他阅读”或者“我没法控制他交些什么朋友”。他以为“听之任之不管教”就可以跟孩子建立起平等的朋友关系，以为这种“好关系”就足以让孩子待在“正道”上，但事实往往不是如此。如果在家庭学习环境里都无法平衡孩子所做的事和需要孩子做的事，那当孩子在学校出现问题时家长就会不知所措。当他无法在“跟孩子做朋友”和“管教孩子”这两者中间找到平衡点，没法在孩子课后的家庭生活中给孩子定规矩的时候，他就感觉惊慌了。

视教师为合作者

以下是跟孩子的老师建立良好关系的一些点子：

1. 在学年初建立联系　参加“家长会”或在新学年初约好见面。在开学的头几周向孩子的老师作自我介绍。有了这样一次愉快的见面，如果之后孩子出现问题的话，跟老师谈起话来就会轻松很多。

2. 确立积极的态度　像做父母的一样，老师也希望他所付出的辛勤能得到认可。不要光看到负面的东西，要指出孩子的学校经历中的亮点。给老师打个电话或写个条子，感谢他对你孩子的关注、体贴及他在你孩子身上所花的时间和精力。你会使他的日子更有亮色，从而加强你们之间的合作关系。他会大受鼓励，因而更乐意告诉你你的孩子在学校的进展之类的好消息。

3. 让老师时刻了解孩子生活中的变化　让老师了解你孩子的生活中发生的有可能会影响他学业成绩和行为表现的一些大变故。包括就医方面的情况和用药方面的情况，尤其是家庭环境方面的变化。记住，明智的父母不会待问题出现时使自己难辞其咎。与孩子老师合作确实可以令学生的一生大有改观。这种合作关系给了孩子一种贯穿始终的支持，这正是学业成功所必需的。作为合作者，你们可以一起找出使孩子在家、在校甚至终其一生都能受益无穷的解决办法。美国历史上从没有哪个时候比现在更重视成功的家校合作关系。绝大多数学校人员都大方承认，当前公立学校体制的日益成功取决于家校之间互相支持的关系。你要不遗余力地支持校方并提醒孩子尊敬校方。确定，而不是估摸，孩子在学校上课有没有闹事。通常，校内冲突主要是围绕以下事件：是否尊重同伴、是否侵犯别人的财产所有权，比如笔记本、铅笔、衣物，甚至食物。尊重别人的财产权也意味着克制自己的破坏欲，包括损伤或毁坏书本、课室墙壁、锁柜甚至走廊。你有责任确保你的孩子有强烈的尊重他人财产的意识。这种尊重和信任是今后任何良好关系的基础。

家长会前多准备互相交流多收获

家长会之所以重要，是因为它有助于你的孩子在学校取得成功。你和孩子的老师合作得越好，孩子就受益越多。这是向孩子表明你在乎他的最好方式。当你对孩子的学校生活表现出浓厚兴趣并提供强烈支持时，他就会：

· 对学习和学校怀有积极心态

· 对所取得的成绩充满自豪

· 对学校生活更加喜爱

家长要为家长会做足准备并为其定下基调，这点很重要。家长会的时间是有限的，因此一定要有备而去。

开会前

· 跟孩子谈谈，看是否有些什么是你去面见老师之前应该知道的。

· 回顾一下孩子的进步：成绩单、进展最新汇报、需要你过目的作业。发现孩子的特殊才能以及困难领域。

· 注意家庭环境或家庭常规中可能影响孩子行为的某些变化。

· 把要问的、关注的问题列出来。不要只凭记忆。想好你要跟老师说哪些事。你最好能把孩子在家时说的有关学校的一些话也转述给老师，对老师来说这是很珍贵的信息。

· 如果家里还有个更小的孩子，那就找个人到家里来看小孩。有很多家长会开得毫无效果是因为家长带着孩子的弟弟或妹妹一起去，结果老师和家长都被搅得心不在焉。帮自己一个忙，开家长会时找个人看小孩。虽然会有所不便，但利多于弊。

开会过程中

· 确保老师知道你想跟他/她说什么，以及你想老师跟你说有关孩子的什么。你想从老师处得到的或者你可以跟老师分享的信息包括：孩子的社会适应能力、孩子在学科或非学科科目方面的进步、孩子在群体中的地位、当然还有孩子跟学校权威人士之间的关系。

· 对你特别关注的某些领域要有先后排序，只提那些对你和你孩子最重要的问题。家长会可不是发学校牢骚的地方。如果要发牢骚的话最好另外安排个特别会议，专门解决你自己所关注的问题而不是孩子的问题。

· 向老师咨询你可以如何帮助孩子达到学校的期望和目标。肯定老师在你孩子身上付出的心血，以此创立更良好的合作气氛。

最大限度地利用家长会

· 按时到会

· 凝神倾听

· 提问咨询

· 保持平静

· 要事先谈

· 直截了当

· 为今后的学业成功制订行动计划

· 感谢老师的关注、时间和精力

· 与老师保持联系

开会后

· 与孩子交流家长会上的谈话，使之有参与感

· 志愿参与校内服务

· 提醒自己：会后的事情与会议本身同等重要

· 与老师保持联系

无论家长还是老师都希望孩子在学校取得成功。家长会是保障孩子成绩的有力武器。通过定期的会议，家长和老师可就双方对孩子的了解进行交流，使双方都能取得比“单干”更好的成果。家长会也同样有利于改善家校合作关系。这使老师有机会跟家长解释学校的课程，让家长了解学校的目标。当家长积极地参与到对学校的支持中来，并紧密掌握孩子在学业和社交方面的进步，孩子的学业成绩自然就上去了。家长会是教育过程中的一门关键工具：再没有别的活动能更有效地让家长和老师走到一起，为了孩子的身心健康而共同努力。这种定期安排的会议是使双方可以表达互相关注之事的一个大好机会。如果老师真的仔细倾听了家长的发言，那么他可以更好地懂得如何帮助自己的学生。如果你，作为家长，能够对孩子遇到的任何问题都积极地帮助寻找解决办法，那效果对孩子就尤其之好。家校合作关系的另一拓展方式是，孩子学校或所在地区开设的家长培训班，你一定要好好加以利用。家长培训班是亲子关系的一大支柱。加入这类培

训班可以提高技巧和增强信心。而且你会成为更亲和并且更渊博的家长。管教起孩子就更加轻车熟路、游刃有余。而且还使你有机会结识孩子学校的行政人员和教职工。很多家长都说他从培训课上得到确认，他目前管教孩子的方式没有错。家长培训课也使你有机会倾听别的家长的建议。还有一个妈妈说，作为一个管着好些员工的经理人，她在家长培训课上学到的技巧还可以用到工作上。她在工作中常用的几种技巧是：面对问题、体贴别人的感受和情绪、清晰表述每个人的思想过程，接着达成一致找到解决方案。她还强调在孩子学校参加家长培训课不但使她学到了管教孩子的技巧，而且使她学到了同样可用于成人事件的有用技巧。

志愿服务好处多物有所值帮助大

作为父母，志愿为孩子的学校提供服务是结识其他家长并与之交流的大好机会。这不但能使你与孩子的老师及校内活动保持联系，而且也是促进你个人成长和教育成长的极好方式。总之好处大了！通过提供志愿性服务，你能

· 结识其他同样关心孩子学业的家长

· 接触各种各样不同的观点和看法

· 观察其他家长如何处理问题和逆境

· 学会新技能

· 换一种思路思考问题

给孩子学校提供志愿性服务的途径多种多样。以下是一些点子：

· 向学生提供讲座，讲述你的工作、你的业余爱好和你的旅游经历

· 志愿提供图书类辅助服务

· 给孩子所在的班讲你最喜欢的儿童故事

· 在校办、实验室或午餐室帮忙

· 协助赞助商向学校提供电脑设备和体育运动器械

· 美化校区

· 在当地的家校合作组织中做事

· 到课室志愿提供照顾性服务

· 和孩子班级一起参加春游 / 秋游

家长老师心连心 多多联系最要紧

但凡是学龄期的孩子，白天里跟他相处时间最多的自然是老师。有些老师甚至觉得自己相当于“代理家长”。老师及学校环境对你孩子的成长具有不同一般的影响，对此你必须有充分认识，而且要心存感激。所以要使孩子取得学业上的成功你就一定得和孩子的老师合作好。但与任何合作关系一样，由于对孩子有着不同的期望和目标，家长和老师之间随时都可能出现关系紧张。家校合作关系搞得好并不等于说家长和老师之间意见不会相左。对任何一段好的关系来说都少不了尊重和信任。双方都是为了孩子的健康成长，有不同的意见尽可表达出来，在互相尊重和信任的前提下探讨解决问题的方法，那家长和老师之间的紧张关系是可以得到化解并导向好的结果的。

不知你是否曾想过“家长会”（家长老师见面会）的由来？之所以

要举行家长会是因为它可以使新学年有个良好的开端。如果没有家长会的话，那老师要见家长或家长要见老师通常都是因为孩子出现了某种问题。如果这样的话，这个学年孩子就可能心里略有阴影或颇含戒心。而家长会上跟你孩子的老师自然而然的第一次见面却是为新学年打下良好基础的一个大好机会，可以使你和老师能够为了孩子的身心健康而开始友好合作。老师们一般都希望家长知道，他任何时候都欢迎家长积极参与到孩子的学校教育中来。

你开学初与老师建立的联系应全年保持下去。学校时不时会让学生带回简报、通知或宣传单等，以便家长能了解班级或学校活动。老师就学生的进展所给的评语也定期以临时通知或汇报卡等形式寄给家长。老师们还不时用便条向你点出你孩子在某些方面的才能。如果你想让孩子知道你为他的才能和成就感到自豪，那最好的方式就是把老师对你孩子的认可展示出来。我们家最喜欢用来展示这类好消息的地方就是（现在仍然是）冰箱门。一位家长最近告诉我说他小的时候他的父母一贯将他所得的奖状、优异成绩汇报卡和其他赞辞都贴在冰箱上，这使他的自我感觉大有改观。他说他婚后把这种传统延续了下去，但他妻子却不喜欢冰箱门上被贴得乱七八糟的，所以他只好另外买了一个冰箱放在自家车库里，继续把他的“好消息”往冰箱门上贴。看来这真是“本性难移”！

虽然孩子们口里不说，但你展示出来的任何一丁点儿对孩子成绩的认可对他来说都意义非凡。我儿子最近以优异成绩从一名牌大学获得了MBA学位。当时他一拿到学校寄来的毕业成绩便把它贴到了冰箱门上。如今两个多月过去了，每次开冰箱都让我和他父亲想到他对待学业目标是多么的执著，多么的有恒心，多么的优秀。

如果你的孩子有学习或社交上的困难，那家长和老师之间保持沟通就更加紧要了。从未雨绸缪的角度来说你很有必要跟孩子的老师多多接触。如果你的孩子缺乏生活自理能力，那家长和老师之间每天都有必要进行书面沟通。我的有些学生在组织技能方面有待发展，我通常在这些孩子的作业本上写给家长一些话，交代应该培养孩子去做的事。同样，必要的时候家长也反馈给我，这样我们双方都能了解孩子完成他分内责任的情况。

如果你的孩子在学校总是不顺，你和孩子的老师就需要花更多的时间和精力，以使他的问题能够迎刃而解。如果家校联系不紧，受影响最大的恐怕就是你的孩子了。如果你孩子的新老师没有上一学年的老师那么友好和热心，那为了你的孩子，你就不得不更费心并且更主动地去营造一种良好关系。要使你孩子的问题能得到老师的关注并从而得到缓解，这需要你有耐心、有毅力并且能够体谅老师。

面对孩子所遇到的不顺，有时你自己的各种不良情绪（如愤怒、担忧和焦虑等）可能会妨碍问题的解决。当老师在谈到你孩子时有时也会措辞不当或做法欠妥，这种情况并不少见。有时甚至可能无意中激怒了你，使你耿耿于怀、心存芥蒂。

以下三种情况就很不利于问题的解决：

· 在我参加过的一次家长会上，爱丽丝的交际艺术老师把爱丽丝写的3句话作文显示给家长们看，上面是密密麻麻的拼写和标点错误，然后又把她同学就同一话题写的作文拿出来作了对比，点评是："我教了这么久，还从未在这么短的一篇作文里发现如此多的错误。爱丽丝显然问题不少。"毫无疑问，爱丽丝的父母对这种方式难以接受。家长会因此非但没有起到沟通的作用，反而自此每况愈下。对于爱丽丝在家或在学校该如何提高表达技巧，该老师连一点有用的建议也没有提供。

· 家长有时候也可能在不知不觉中破坏了家长会的正面作用。泰勒夫人有一次在家长会上脱口说道："卡尔今年上学老大不情愿的。他说你不喜欢他，他也不喜欢你！"老师便说道："像他在学校这种表现，要喜欢他还真不容易！"家长会就这样开完了，双方都不知道在说了这句话后都讨论了些什么。

· 在我参加的另外一次家长会上，老师总是用一些术语，什么"听觉处理技能"，"视觉－运动肌协调能力"，"多模信号"，等等。参加家长会的父母们都不知其所云。即使解释了这些词的意思，艾里克的妈妈仍然不明其含义，又不敢再细问。

作为家长，如果你想要在家校联系中发挥作用，那你就得不怕向老师提问，必要的话还得一问再问。你和孩子的老师应“同舟共济”，了解清楚对你孩子的学习有利的方法，并着手执行。如果有了双方都一致认可的、接下来即可运用的育子技巧，你还得准备一个备用方案，以备万一你实施的某些方法不起作用。如果一个方案没有达到预期的效果，家长和老师不要因之没有立竿见影而垂头丧气，而要从中学到东西；必要的话不断调整和改进教育方法。

家长一定要记得体谅你孩子的老师。尽量把你想说的话用一种让老师乐意听的方式来传达，并使他乐于按你想的那样去做。对老师我也想给予同样的建议：当向家长传达某个学生在学校有某方面问题时，尽量从正面去说并且不伤他的自尊，这样才能使问题的性质得到准确把握并找到妥善的解决办法来对孩子予以矫正。在我的整个教学生涯及当教师顾问的过程中，我率先体验到了家长和老师友好合作的好处，这种好处是日积月累，越滚越大的。在帮助孩子们发展技能以取得社交和学业上的双重成功的过程中，这种持续的合作和有效的沟通是至关重要的。除此之外，家长和老师之间的联系还有另一重正面作用，它能使你的孩子也参与到通向学业成功的筹划过程中。从教育和矫正的角度出发，让他参与到这个“家校联系过程”之中有一个好处，即培养了他的参与感和主人翁感觉——也许这也正是家校联系中所缺少的一环：家长与学校的联系并不应限于是双方的，其中不应该少了孩子的参与。当家长、老师和他管着的孩子（三方）建立彼此尊重彼此信任的伙伴关系，这种关系不但在家在校都使孩子受益，而且使孩子一生受用不尽。其实，你的孩子就如同一车“贵重的货物”，在通向学业成功的路程中，对他必须轻拿稳放，正面对待。

当这趟车来到家校相连的路口，那就赶紧上车吧，千万别错过！

交通路牌 #5

一站！二看！三行动！

建立良好的家校合作关系

1. 视教师为合作者

建立有效的家校联系。作为父母，任何时候都欢迎你参与到带孩子走向成功的旅程中去。

- 在学年初建立联系
- 确立积极的态度
- 让老师时刻了解孩子生活中的变化

2. 促成高效的家长会

开会前

- 回顾孩子的进步
- 注意家庭环境或家庭常规中可能影响孩子行为的某些变化

· 列出要问的、关注的问题

· 找个人到家里来看管孩子的弟弟或妹妹

开会过程中

· 和老师分享信息

· 对你特别关注的某些领域要有先后排序

· 向老师咨询你可以如何帮助孩子

开会后

· 与孩子交流家长会上的谈话，使之有参与感

· 志愿参与学校服务

· 整个学年与老师保持联系

3. 志愿提供校内服务好处多多

· 结识其他同样关心孩子学业的家长

· 接触各种各样不同的观点和看法

· 观察其他家长处理问题的方法

· 学会新技能

· 换一种思路思考问题

4. 用某种方式展示孩子的才能和成绩，在家中找个地方作荣誉榜

5. 当孩子有轻度到严重的学习困难或社交困难时，与孩子的老师建立紧密而持续的家校联系（如果必要的话可以是每天联系）

6. 为孩子着想，对孩子的老师要耐心并体贴。

7. 家长会上弄明白老师所讲的某些术语和策略，不断询问以明其义，直到你确信自己能在家校联系中发挥重要作用。

8. 与老师同心协力，如果现用策略不管用，共同制定备用方案

9. 孩子前进过程中的退步现象应能让你吸取教训 必要的话改动和调整原定方案

10. 与校方沟通，态度积极，满怀敬重

11. 让孩子参与到“家校联系计划”中，有利孩子自我弥补和矫正

> 知识是宝库，而实践是开启宝库的钥匙。
>
> ——托马斯·福勒

第六章

目的地：通往学业成功！

——每个孩子都与众不同

我的孩子有多聪明？或者是不是该这么问：

我的孩子在哪方面聪明？

加德纳的八类智商是指哪些？

我的孩子在哪方面与众不同？

6

孩子与众不同多多加以强调

如果你的孩子并非得高分的优秀学生实在不用太过担心；更重要的是让孩子找到感兴趣并且擅长的东西。一旦找准了孩子的兴趣，他就会努力在该方面下功夫，并且能持之以恒。

我哥哥小的时候对赛车特别着迷。他知道所有优秀赛车手的名字，他看所有有关赛车的书，而且追着看所有赛事的结果。由于对赛车的兴趣，他也表现出了机械装配方面的热情，有时简直让我母亲哭笑不得。夏天的一个日子里，草坪需要修剪了，但是剪草机启动不了了！原来那天早些时候，他把剪草机的马达拆下来安到他新组装的小推车上去了！他对消防救火也兴致颇高。一天他开车带我去赴约但却迟到了。原因是途中他看见一辆消防车，便尾随它赶去救火。但我们赶到救火地点时才知是谎报军情，不由十分沮丧！我哥哥现已是成功的经理，但仍然对赛车赛事热情不减（他还赢得了很多奖杯）、对消防救火兴致勃勃。除了在公司工作之外，他现在还是一个志愿消防员和一个有执照的医疗急救机械师。

我觉得真正值得我们忧虑的是孩子不投入任何有建设性的活动。有时这甚至可能是我们自己的过错。如果孩子看见身边的大人从事有益的活动，那他自然也会受到积极的影响，树立好榜样是最好的教学方式。即使孩子所选择的活动不是你所认为最值得做的，孩子也能以自己的活动方式学会融入外在世界。从某种意义上来说每个孩子都是独一无二的。重要的是帮他找到他最喜欢做也最适合他做的事。

休整时间

棒球队、足球协会、家教、舞蹈课、骑马训练、家庭作业等等，有时我们孩子的生活就跟我们自己的一样被安排得满满当当、繁忙不堪！有时，家长还试图“填满”孩子的任何一点尚未安排的时间。记住，我们要尽力获求的是生活中的平衡。这些没被安排的、“无所事事”的时间实际是大多数孩子自由思考和发挥创造力的时候。考虑一下以下问题：你所安排的那些增长才艺的活动是否真的对已经疲惫不堪的孩子有什么好处？你的孩子是否真的想做并喜欢做这些特定的活动，或者说，这些活动是否其实是你自己小时候所感兴趣的？扪心自问。正确把握孩子的动机和你自己的动机。

如果孩子的时间表安排过满，上课期间无法再腾出时间休整，那你可以考虑在暑假和其他假日期间给孩子腾出休整时间，和孩子一起探索新的方向。跟孩子说：“去外面玩吧！” 你就等着看效果吧。给他机会，让他能自己做决定、自己安排空闲时间。你会惊异于他的创新和灵慧。

把孩子从那些安排好的活动和电子玩具中解放出来，这很可能意味着刚开始的时候他会觉得很无聊！儿童成长方面的专家说，如果无所事事的话，孩子就会自娱自乐——甚至有时仅沉于幻想。我们所要的正是这个：让孩子用他自己的创造性去填满他的时间。在这个过程中，他会竭力发展起心智、情感和社交方面的技巧。“空余时间”能教会孩子自己找乐子。孩子生活中需要的是这样的家长——懂得无聊和创造之间那种巧妙联系，愿意为他提供这样一个衔接阶段，能让他创造性地玩。你只需给他提供一点材料（比如，神奇荧光笔、彩色铅笔、干擦黑板和墨水笔），必要的话甚至可以提供一点委婉的建议。但有一点你要记住的是，你不能扮演营地指挥者的角色。感觉无聊但却有创造性的孩子最终会转向书本、搭起乐高积木、用颜料画一幅“杰作”，或者加入邻居孩子的棒球赛。孩子的休整时间若要具有建设性并导出创造性，他需要的是你的指导而不是指挥。

今天的家长绝大多数小的时候就已体验到了创造性地玩的好处。当你不得不自找乐子的时候，你会发现你原先不知道的一些可用资源。你曾通过创造性地玩学会好些珍贵的东西，但如今我却不能确定你那繁忙过度、负担过重的孩子能有机会通过创造性地玩来学会这些东西。因为父母将他的时间表安排过满，“发明创造”和“自给自足”因此被挤了出去。儿童成长专家承认，要找出时间让孩子自由自在无拘无束地玩确实不容易。对单亲家庭或对住宅周边不安全的家庭来说尤其困难，因为在这种情况下让孩子自己到外面玩显然不是首选。自在不拘地玩好处多多，因此鼓励家长每周至少给孩子腾出一小时不安排其他活动。以下方法有助你轻松开个好头。

限制看电视时间

大多数专家认为这是最重要的一个推荐，但承认这也可能是最难做到的，孩子可能会噘嘴表示不愿意，想借孩子看电视的空儿喘口气的家长也往往不乐意。研究表明孩子通常每周平均看 38 小时电视，缩减看电视时间则可腾出一大块时间让孩子自由自在地玩。

缩减其他“荧屏”时间

多数孩子每天在电脑荧屏、袖珍游戏机荧屏前或在迷你影院看录像长达数小时。每天设一个时间限制，使孩子不要“连线”这些东西，在合理的限度内让他自己想办法玩。

精挑细选玩具

增加孩子自在玩的时间并不意味着要投资大买新玩具。一些基本的艺术创作必备用具、图书、从大自然中收集来的物品（比如树叶、松果、橡子等）就足以使孩子不亦乐乎一阵子。一个玩具的价值是与它激发创造力和想象力的程度成正比的。看一下这两个女孩的故事：洁和琼在比较她们俩的洋娃娃。洁的洋娃娃是电动的，她吹嘘道：“我的洋娃娃会说 1000 个词！”

琼立刻举起自己的老式洋娃娃答道："我的洋娃娃我想让她说什么她就说什么！"

让孩子出去玩

外出玩可以使孩子多点跑动，有助于孩子晚上睡好并防止发胖。上学期间一定要让孩子出外多玩作为调剂。像成年人一样，孩子也需要在工作之余放松一下。

一个调查四年级学生的研究将课后玩的孩子与不玩的孩子作了对比。玩得少的孩子在课堂中更坐立不安、对课堂活动也没有那么专注。

花些时间看孩子玩

作为父母，你不一定要参与到孩子的游戏中。有时你可以加入他的创造性活动，但注意不要让他"跟着你的指挥棒转"。一个高度有效的方法是，每天花些时间和孩子打成一片，做孩子提议做的任何事情。在这段"特殊时间"里，你孩子是决策者、活动流程的控制者、角色分配者。虽然是孩子自由自在玩的时间，但你却可以有机会参与。花些特别时间和孩子玩，这可以使你不得不放慢步子，为了腾出时间跟孩子玩而改变你日常安排的节奏。由于诸多责任在身，一长串事情等着你去做，你很容易忘记享受天伦之乐，即：忘记你有多么喜爱自己的孩子，忘记你多么喜欢和他相伴，忘记与他交流及分享快乐是多么重要。

智商多种多样孩子聪明在哪

是的！ 每个孩子都在某方面与众不同。智商并不是一个单一的、有维度的、不变的、易衡量的东西。我们并不总是要看足够的变量才能精确断定我们的孩子需要什么并且在哪方面与众不同。学校的心理教师所使用的智商系数只衡量加德纳所确立的八类智商中的两类（语言文字和数学计算）。加德纳是哈佛的研究者和心理学家。

加德纳的多型智商理论的精髓即是要尊重孩子之间的差异，包括他们在学习方式上的多重差异及其在世界上留下自己印记的方式的差异。通过这个理论，加德纳主要想寻求的是，超越智商分值的局限而拓宽人类潜能的范围。他建议应该更多地从人在语境信息丰富的自然情景中解决问题和创造产品及服务的能力来看待智商。

多型智商理论的要点

每个孩子都拥有八类智商

只要有适当的鼓励、拓展和指引，每个孩子都能将八类智商中的每一类发展到所需的能力水平

各类智商通常共同起作用

在每一类智商中都有不同的表现聪明才智的方式

多型智商理论强调，孩子在每类智商之内或不同类智商之间展现自身天赋的方式多种多样。那其他六类智商分别是什么呢？根据加德纳的研究，人并不是只拥有固定的一类智商，至少有八类不同的智商可以逐渐发展起来。下面逐一列出这八类智商并提供一些可促进每类智商发展的活动。

文字 / 语言（包括读写能力）

玩文字游戏或语言类游戏（拼字游戏、文字接龙等）或纵横拼字谜。选择你最喜欢的电影或电视节目并为之写一续集，或说说你认为在下一集或下面的续集中故事会怎样进行下去。

逻辑 / 数学（用演绎或归纳性思维进行推理的能力，识别并运用抽象公式或关系的能力）

选择一个要按着说明书进行操作的事情来做（如组装模型飞机或做烤饼）

视觉 / 空间（想象三维形状的能力）

表达自己。用不同的媒介来表达你的思想、观点和感情（比如神奇荧光笔、油画颜料、橡皮泥等等）。和朋友一起玩地毯式搜索游戏。为所有游戏参加者画一张详细的秘密地图，标出藏宝地点。

反思/内省（认识自己、明确内心感情、自身意图和自身目标的能力）

写日记。把一天中的重要事情记录下来。表达自己对这些事情的感受。进行反思。对自己在不同情境中使用的思维策略和思维模式进行评价。为特定情境设计替换性的行动反应策略。

人际/社交（与他人相处并高效合作的能力）

尽力揣测他人的心思和感受。试着通过非语言信息（如穿着、口音和手势）猜想某个人的职业、背景或才能。

肢体/肌动（用体能解决问题和创造产品、用身体传递信息和感情的能力）

通过多种多样的活动表达自己的情绪（跳舞、慢跑、或散步）。试试用角色扮演的方式来表达思想、观点或感情。玩看手势猜字谜游戏。

音乐/节奏（对节奏、音高的敏感度，对音乐的快速反应能力）

试着通过最喜欢的歌曲来传达自己的感情。倾听周围环境中的声音和节奏并有所体会（如敲窗的雨声、空调声、车流声）

自然/环境（对周围环境中的不同物种——比如植物和动物——进行识别和归类的能力）

对感兴趣的话题进行探究（比如云的形成、山、火山或鲸鱼）。

根据加德纳多元智能理论，我们不可以如此发问："我的孩子有多聪明？"而应该这么问："我的孩子在哪方面聪明？"加德纳的观点专注于这样一个事实：八类智商都可以得到培养和发展。其前提基础是，不要把孩子归入某一类特定的智商。为了孩子八类智商的平衡发展，家长和老师都要想着孩子是这八类智商的混合体，在每一类智商中都有发展的潜力。

作为父母，你任何时候都不能忽视一个事实：你的孩子不管有多么特殊都离不开一个适合他发展和成功的环境。这八类智商是必须由身为父母的你来培养的。正如老师要教学生认字母表、如何组词、如何阅读和写作，我们也要教孩子如何发挥积极的想象、如何作图表讲解、如何看出空间中不同物体的联系。在家里要给孩子提供机会和帮助，让他锤炼他的各类智商。

作为父母，你应该知道生活中所蕴涵的东西比学校所教的更多。你应该知道生活中的成功并不完全取决于分数。有些孩子的视野没有超出学校范围。你可以引导他从事一些能强化他的能力并能为成功创造机会的活动，以此帮助你的孩子增长见识，或者促进自我感觉的提高。

别忘了，你比任何人都更了解你的孩子。你比任何人都更清楚他的优点、弱点和兴趣。充分利用你对他的这种了解来帮他选择课外活动。另外很重要的一点是，有时你要做到不盲目跟从周围邻居的孩子所从事的活动，而只考虑最合适你自己孩子的活动。该做什么你最清楚！

未来年代将提供无限的机会和展示无法想象的进步。未来不单在于科技和医学进步，还取决于老师和家长所引导的孩子，让他充满自信和满足地去塑造他的未来。首先，你需要相信自己并相信自己的孩子！其次，你要给他以爱心、鼓励和机会，强化他的自我感觉和自我能力。这就是你给他的今天及未来提供的一份“爱心和时间精力凝聚成的礼物”。

智商	强项	喜好	最佳学习方式	目标人物	不良行为
语言 / 文字	阅读，写作，讲故事，记住日期	构思，阅读，写作，讲故事，谈话，记事情，写日记	阅读，听讲，识认文字；说，写，讨论	马丁·路德·金，艾略特，林肯	上课时传阅笔记、读课外书

逻辑/数学	数学，推理，逻辑，解决问题，公式换算	解决问题，提问，推理，数字运算，做试验，使用电脑	公式，运算关系，归类，抽象思维	帕斯卡，爱因斯坦，居里夫人	上课时做数学或组装东西
视觉/空间	阅读，看地图，看图表，画画，拼图，想象	设计，画画，搭建，创造，做白日梦，看画	作画，涂色，想象，画画	毕加索，怀特	乱写乱画，画画，做白日梦
反思/内省	自我理解，认识优缺点，确立目标	独自做事，反思，探索自己感兴趣的事，确立目标	独自做事，自定步调的项目，反思	罗斯福，弗洛伊德，梅顿，佛	与他人产生冲突
人际/社交	体贴他人，领导，组织，沟通，说和	交朋友，与人交谈，加入团体，分享	分享，比较，关联，采访，合作	里根，甘地，特莱莎大妈	高谈阔论，传阅笔记
肢体/肌动	体育，舞蹈，表演，手艺，使用工具，雕塑	做运动，跳舞，四处走动，触摸并交谈，使用身体语言	触摸，移动，用体感处理知识	卓别林，乔丹，	坐立不安，在教室里四处走动
音乐/节奏	唱歌，表演，记曲调，节奏	唱歌，哼歌，玩乐器，听音乐，玩打击乐	节奏，曲调，唱歌，听音乐和曲子	伯恩斯坦，莫扎特	用铅笔敲击音乐或按节拍跺脚
自然/环境	擅长区分不同物种并画图显示其间联系	对事物进行归类，发展连线匹配技巧，背包旅游，徒步旅行，喜欢身边有动物	观察，收集，对比大自然中的事物	达尔文，威尔森	厌烦传统的课堂活动

各种各样软件激发多型智商

（注：以下所列的括号中是具体的软件名称）

文字/语言智商

·文字处理软件（《柯雷尔完美字处理软件》）

·打字通（《梅维斯·比肯教你打字！》）

·桌面印刷软件（《印出来！》）

·电子参考书（《布雷泰尼卡大百科 CD》）

·互动故事软件（《只有奶奶和我》）

·文字游戏软件（《缺了哪几环》）

·外语指导和翻译软件（《好易学轻松翻译》）

·网页制作软件（《Front Page 网页制作》）

·听写软件（《柯兹威尔听音板》）

逻辑/数学智商

·数学技巧指导软件（《数学全轰炸》）

·计算机编程指导软件（《乐高》）

·逻辑游戏（《王室规则》）

· 科学程序（《科学工具包》）

· 批判性思维程序（《高端思维技巧 [HOTS] 》）

· 数据库管理（《Lotus 组织器》）

· 财政管理软件（《Quicken Deluxe》）

· 科学参考指南（《科学大百科》）

· 数据表（《Lotus 数据表》）

视觉 / 空间智商

· 卡通制作程序（《艺术与电影导演》）

· 画图软件（《画个眼花缭乱》）

· 电脑棋局游戏（《棋坛高手》）

· 空间问题处理游戏（《Tetris》）

· 电子拼图游戏（《活动拼图》）

· 剪辑程序（《新型印刷店》）

· 几何程序（《Sensi 几何》）

· 知识的图像呈示（《世界地理图》）

· 艺术史指南（《通过艺术了解历史》）

· 家居和风景设计软件（《完全风景设计师》）

· 地图和地图集（《世界地图目击者》）

· 电脑辅助设计程序（《快速电脑辅助设计》）

· 图像处理软件（《Adobe 高级图像》）

· 录像处理软件（《录像电波》）

肢体 / 肌动智商

· 电脑界面供亲身实践的积木包（《乐高到洛高》）

· 模拟运动游戏（《飞行模拟器》）

· 虚拟现实系统软件（《Dactyl 梦魇》）

· 手眼配合游戏（《洗牌咖啡厅》）

· 与电脑连接的工具（《科学工具箱》）

· 人体解剖和健康指南软件（《身体研究》）

· 健身软件（《活泼教练》）

· 运动软件（《高尔夫》）

音乐 / 节奏智商

· 音乐知识指导（《音乐探索》）

· 歌唱软件——把声音输入转化为合成音响（《发声软件》）

· 作曲软件（《音乐工作室》）

· 音调识别和曲调记忆强化软件（《Arnold》）

· 乐器电子界面(《音乐追求 MIDI 初学系统》)

· 乐器指导软件(《互动吉他》)

· 音乐符号程序(《桌面五线谱》)

人际/社交智商

· 电子公告板(《儿童网》)

· 模拟游戏(《西姆城》)

· 邮寄名单程序(《我的邮寄名单和地址本》)

· 族谱程序(《一代代》)

· 电子电话本(《美国街道》)

· 电子板游戏(《棋》)

反思/内省智商

· 个人选择软件(《奥里根追踪》)

· 事业咨询软件(《完美事业》)

· 自我了解软件(《情商测试》)

· 幻想性角色扮演软件(《Myst》)

· 任何自定步调的程序(《比如以上所提到当中的很多》)

自然/环境智商

· 自然指南（《国家地理频道》）

· 模拟自然程序（《亚马逊追踪》）

· 动物游戏软件（《神奇动物活动中心》）

· 生态意识程序（《神奇校车带你探索动物世界》）

· 园艺程序（《完全土地设计者》）

交通路牌 #6

一站！二看！三行动！

了解你的孩子怎样与众不同

孩子与众不同多多加以强调

不该这么问："我的孩子有多聪明？"

而应该这么问："我的孩子在哪方面聪明？"

智商多种多样孩子聪明在哪

· 文字／语言（读写能力）

· 逻辑／数学（用演绎或归纳性思维推理的能力）

· 视觉／空间（想象三维形状的能力）

· 反思／内省（认识自己、明确自身目标的能力）

· 人际／社交（与他人相处的能力）

· 肢体／肌动（用体能解决问题、用身体传递信息的能力）

· 音乐 / 节奏（对节奏、音高反应敏感的能力）

· 自然 / 环境（区分和记录大自然信息的能力）

如果我们能成功做到让孩子热爱学习，那学习就会自然发生。

——约翰·卢勃克

本书中的策略需要你的孩子以及你自身不断地改变自己。作为好父母你的责任是永无止境的，当然作为好父母你会得到的回报也同样永无止境。孩子会一次又一次地给你带来挑战。这时你便可以用上你从本书中学到的策略来迎战。你会尝到甜头，并在你孩子经历的每个成长阶段不断地获得成功。你会感受到你经过千辛万苦好不容易建立起来的信心。偶尔在你需要一点鼓励的时候，请参考我们一路走来所看到的那些策略，这样你就不会误了带孩子通往学业成功的这趟车!

父母们，你不但要语重心长而且要身体力行地向孩子强调学习的重要性。告诉孩子：你相信教育是自我完善的最好方式。如果耳闻目睹你如此投入于引他走向学业成功，那对他来说就是你强调教育的最好证明。他会由此明白：我是最重要的！我父母在乎我！他想为我营造最好的环境并得到最大的成功!

在帮助孩子获得学业成功的路途上，你会因自己的投入而获得快乐与满足感。你不但是你孩子生命中最重要的“常量”，你还有爱心、有知识、有推动力。你要尽力永不让自己的决心减弱。当你扶助孩子取得成就，你就会开始意识到：正是你的存在、你的关爱和你的智慧给孩子的生活带来了真正的改观。不管发生什么事，只要你能在孩子身边给予支持，这对你来说就是最大的快乐！你影响孩子成长方向的能力取决于你对世上最有意义的这件工作的矢志不渝：把你的孩子培养成有爱心而且可爱、体贴、有责任感的人。是的，你绝对可以做到这点！你有这种内在能力！你的辛勤会得到回报。走不走上这条路完全取决于你。祝你在带孩子通往学业成功的旅途上一路顺风！

父母的祈祷

我有着一份怎样的责任啊：

去爱、去培育、去引导方向！

上帝，请聆听我的祈祷，

请日夜守在我身旁。

请让我成为最优秀的父母，

拓宽他的眼界、打开他的心房，

使他能看到

自己和别人的闪光。

给我力量，

忙我每天所该忙。

让我的宝贝享有我保护的翅膀，

远离伤害、靠近天堂。

助我教他辨清是非，

永无焦虑和恐慌。

上帝啊，指引我给他

最好的开端。

让他健康快乐成长，

则我已尽我所能，不再彷徨。

第七章

虚拟空间之旅

——上网安全

我该了解哪些上网知识才能帮到我的孩子？

我怎样才能确保孩子在互联网上的安全？

我如何才能引导孩子明智利用网络虚拟空间？

7

互联网作为一种即时沟通的方式将地球各角落百千万亿的人们连接在了一起，同时也成为一种强有力的信息搜索工具。作为家长，它对你也同样重要，你可以使用它提升自己的技术，也可以学会利用网上为孩子们提供的学习机会和玩乐机会。“网络空间”、“互联网”、“信息高速路”和“因特网”都是用来描述这种21世纪学习工具的词汇，这种创新型学习工具的出现振奋人心。

只要轻触键盘你便可以“参观”澳大利亚，看《独立宣言》，或观看海啸与龙卷风在你的电脑荧屏上兴风作浪。你可以瞬时发送邮件给远在另一城市、另一省份甚至另一国家的亲友。获取知识和联系沟通的渠道多得难以尽数。在网上能做的事情——能去的地方、能听到的新闻、能读到的插图故事——多得简直可以令人沉浸其中无法自拔！但有时信息之多也可能使你感觉要找到所想要的特定信息有如大海捞针。

使用网上服务的人大多数得到的都是积极有益的经历，但像其他任何尝试一样——烹调、旅游或上学——这都是有一定风险的。网上世界，像社会的其他部分一样，是由形形色色的人构成的。多数是遵纪守法、彬彬有礼的体面人物，但也有些是缺乏教养、面目可憎、盛气凌人甚至唯利是图的。像因特网之前的收音机、电影、电视等其他媒介一样，家长们现在也不得不操心孩子们怎样使用这种新的媒介。自身加强对网络的学习，然后教你的孩子明智地选择网上内容，这是你所能做的最重要的一件事。网上环境如同其他任何环境一样，你的孩子可以从中学到有益的东西，但同时也可能成为网络犯罪或牟利的对象。由于轻信、好奇及对因特网这个全新世界的急于探索，你的孩子十分需要你的监督和常识性的建议。我们得想办法让他在虚拟空间中的经历是有益身心、幸福快乐，同时卓有成效的。

记住，重要的不是电脑技术问题，而是你和你的孩子如何使用网络。

因特网使用须知

如何教你的孩子学会如何在网络虚拟世界中保持清醒，更好地在各种情境中保护自己呢？作为家长，身体力行，你十分有必要先自己学会然后教会孩子网上供学习和玩乐的各种新电脑技术。正如收音机有很多电台，电视有很多频道，电影和视频有各种各样的，网上也有诸多东西可以浏览。因特网给我们提供了些什么可能性呢？以下这些术语可以帮你了解一二：

·“网站” 是一些提供信息的站点，由各种不同机构赞助——其中有教育机构、非营利机构或公司——目的是为了推销其产品和服务。除了这些站点之外，还有其他成千上万的个人网站或自发群体创建的网站，一般是为了某种光明正大的目标或不可告人的阴谋。创办这些网站等于给了他一席之地，可以尽情抒发他的观点、忧虑或警诫。

·“电子邮件” 使你可以在瞬息之间将在电脑上写好的信送达一个或无数多个异地或异国的收件人。

·“聊天室” 是针对特定话题（如赛车、电脑游戏、政治等等）的信息高速站点。在这儿聊天可不是用嘴而是用手，有兴趣使用这些站点的人可以通过键盘打字来发送问题、传达信息和接收答复。

·“新闻组网络站点”是指贴着有关特定主题信息的电子宣传栏。大多数新闻组是未经规范的。

为了孩子的成长最好你能引导他选择有益于他的学习和特殊兴趣的网上内容。不妨跟他一块上网，因为这不但是自己学，也是教他懂得责任、行为举止和价值观的最好方式之一，对你和对你孩子的未来都极其重要。要找到有益的网站而不是有害的网站，这需要引导。而且教会孩子们“网上礼仪”也十分重要——即：如何在上网时举止得当。通过打字来进行网络交谈时要用正常字体——不要粗体，不要划底线，不要斜体，不要都大写（此类字体都表示强烈的感情：如大喊大叫、愤怒、沮丧等等）。在聊天室不能鲁莽闯入，要学会等、学会读，也学会在聊天室学东西，直到看明白了别人在交谈什么才加入进去。

如果你家里没电脑，那就去孩子学校的图书馆、公共图书馆或当地大学的图书馆吧。这些机构一般都提供一些推荐的网站，这些网站不但对学生而且对成人都提供网上课程的。

也不妨到你孩子的学校查一查。学校可能会提供一些有关因特网的特别课程，教你如何引导孩子挑选安全的网站。你必须经常查看你孩子常上的网站，留意其性取向、种族倾向等是否合适你的孩子。

上网安全如何保障

要保障你孩子的上网安全最好的办法就是在家和在校都监督他。但实际上不可能时时都和他在一起，因此得提醒他自己做出明智的选择。日常生活中我们会教孩子如何对待陌生人以及在新情境中该怎么做，对于网上接触我们也同样应该教会他这种规则。可别忘了了解你孩子在网上使用的一些服务。教孩子学会以下这些网络安全窍门：

· 不要泄露任何个人信息：姓名、地址、电话或密码等；

· 如果在网上看到不明白的或让人惊恐的东西立即告诉父母或老师；

· 对任何让人感觉不自在或疑惑的信息不要作出回复；

- 在父母不知道或未许可的情况下不要答应见任何网友；
- 记住网上看到或听到的未必都是真的。

对孩子上网要设立一些合理的规则或指导原则。和孩子讨论一下这些规则并将它们贴在电脑旁边以示提醒。把电脑上网作为一项家庭活动。不要把电脑放在孩子的卧室里，放在全家共用的一个房间里比较好。就像你需要了解孩子在生活中的朋友一样，你也有必要了解他的网友。

绝大部分网站是安全的，但你得关注一下那些包含暴力、性及其他对儿童不宜的一些网站。给孩子上网确立明确的指导原则很重要。有些过滤有害网站的软件包实际并不总是有用的。父母的引导才是防止孩子接触有害网站的最好办法。

网络安全切须牢记

- 首先，懂电脑技术；
- 孩子上网时在旁边看着；
- 孩子下线时多跟他聊聊；
- 知道如何查他在哪些地方上网；
- 有时你对孩子的要求必须有所禁止；
- 和孩子确定一些规则；

· 把规则贴在孩子经常能看到的地方。

买电脑/软件务必注意

有好几家颇有名望的非营利机构负责审查电脑软件和CD-ROM程序。你可以到你孩子学校或当地图书馆试用某个程序。打个电话问一下这些机构能否帮忙为你的孩子和你家电脑选择合适的软件。记住，在买电脑之前一定要做足功课，确保你选择的软件程序与所选择的电脑相容。如果你想买新电脑或升级旧电脑，首先考虑你孩子的年龄及他目前或将来对电脑有哪方面的需求。或者先等一等，等他再长大一点再说，那时他才懂得欣赏更高速的调制解调器或更高像素的图像。到那时，电脑价格相应也会有所降低，电脑技术也会进一步提高了。

你可以在电脑上安装过滤软件，限制或监测孩子对因特网的使用。这类产品可使孩子无法上一些你想禁止他使用的网站。另外，这类软件还会将使用者上过的网站都记录在案，方便以后再登陆，比用浏览器再搜索要便利一些。当然，过滤软件也不是十全十美。有时它会无意中屏蔽掉一些有益网站。“过滤器”因此要时常升级，因为不这样的话就可能产生时滞，使一些新出现的不良网站无法被屏蔽。过滤软件虽然不乏益处，但我们也要了解它的用途和局限性。再好的过滤软件也无法替代父母的监管。

浏览器软件通常会留下“历史痕迹”，可以知道上网者上过哪些网站。美国在线和微软联网都提供家长监控软件。这种软件可以给你的每个孩子设置访问权限。你可以用它们来拦截短信、聊天室、网上私谈，也可以用它们来阻止文件下载。除此之外，你还可以限制孩子的电子邮件或拦截电子邮件的附件。该软件还有“好友名单”这一特色，可用于建立可靠网友的名单。这些监控软件还可以汇报有害网站。

如果你对网络十分了解并且抱着积极的态度，那你在你孩子通向网络空间的过程中就能发挥相当大的作用，而且你的孩子也能享受到明智使用网络的好处。你可以浏览美国图书馆联网的网站 www.ala.org/parentspage/greatsites，其中有“50+ 精品网站”和“信息高速路家长手册”。至于上网家庭可遵守的规则和可使用的工具则可参考 www.cybersmartkids.com.au/。

孩子的上网誓言

我发誓我会跟我的父母谈妥上网规则。我们要一起决定一天中何时上网，上多长时间，上哪些网站。未经父母同意我绝不擅自打破规则。

交通路牌 #7

一站！二看！三行动！

了解并遵照网络安全规则　保护孩子上网安全

网络安全窍门

· 不要泄露任何个人信息：姓名、地址、电话或密码等；

· 如果在网上看到不明白的或让人惊恐的东西立即告诉父母或老师；

· 对任何让人感觉不自在或疑惑的信息不要作出回复；

· 在父母不知道或未许可的情况下不要答应见任何网友；

· 记住网上看到或听到的未必都是真的。

网络安全请牢记

· 首先，懂电脑技术；

· 孩子上网时在旁边看着；

· 孩子下线时多跟他聊聊；

· 知道如何查他在哪些地方上网；

· 有时你对孩子的要求必须有所禁止；

· 和孩子确定一些规则；

· 把规则贴在孩子经常能看到的地方。

有些父母领先他人，是因为他愿意付出额外的努力，做没有要求他做的事，而且自始至终持之以恒！

附　录

策略干预表

抽几分钟反思一下你对所实施的某正面策略的观察。哪方面起了作用？哪方面没起作用？对于起作用的策略所适用的领域标上 A+，对需要加以改进的方面标上 A－。在用了某种正面策略后对其进行反思是很有帮助的，可以把注意力集中在对你孩子管用的技巧上。记住，这类技巧完善策略并非在任何情况下对任何孩子都适用。我的建议是你最好不断地反思、监测、调整。

策略名称：________________________________

日期：________________________________

考虑孩子对你实施该策略的反应：________________

估量你的孩子与其他孩子之间的互动：______________________

阐述你是如何鼓励孩子提高对自己的期望：__________________

传达你所强调的价值观（比如，尊重权威和他人财产）：________

阐述你和孩子分享的某些“好”例子（行动胜于言辞）：________

表述你如何为孩子提供强有力的支持体系：__________________

考虑你自己的责任和你孩子将来的责任：____________________

提供特别的鼓励以使“下一次”更完满：____________________

从该策略中学到的重要教训：______________________________

好书推介

Armstrong,Thomas.2000.Multiple Intelligences in the Classroom(《 课堂多型智商》). Alexandria, Va.:Association for Supervision and Curriculum Development。

Brooks,Robert, and Goldstein,Sam.2001. Raising Resilient Children(《培养开朗的孩子》）. Chicago:Contemporary。

______.2002. Nurturing Risilience in Our Children:Answers to the Most Important Parenting Questionnaires（《培养孩子的开朗性格：关键亲子问卷解答》）. Chicago:Contemporary。

Brooks, Whitney, and McGuinness, Tracy.2000. School Smarts: All the Right Answers to Homework,Teachers, Popularity and More!（《校园尖子生：功课、老师、宠儿及其他——全能解答！》）：Middleton,Wisc.: Pleasant Company Publications。

Clark,Rosemarie,et al.1999. The School-Savvy Parent:365 Insider Tips to Help You Help Your Child（《家长校园百事通：内部人士爆料——助孩子一臂之力的365妙计》）. Minneapolis,Minn.:Free Spirit。

Davidson, Alan, and Davidson,Robert. 1996. How Good Parents Raise Great Kids（《伟大的父母，成功的孩子》）. New York:Warner。

Diamond, Marion, and Hopson, Janet.1999. Magic Trees of the Mind:How to Nurture Your Child’s Intelligence, Creativity and Healthy Emotions（《心灵魔树：培养孩子的智力、创造力和健康情感》）. New York:Penguin。

Dinkmeyer,Don Sr.,McKay,Gary, and Dinkmeyer,Don Jr.1997.Systematic Training for Effective Parenting (STEP): The Parent’s Handbook（《高效亲子系统培训：家长手册》）. Circle Pines, Minn.: American Guidance Service。

Goldstein, Sam, Hagar, Kristy, and Brooks, Robert. 2002. Seven Steps to Help Your Children Worry Less(《帮孩子七步减压法》): A Family Guide. Plantation, Fla.:Specialty。

Heininger, J.E., and Weiss,S.K.2001. From Chaos to Calm: Effective Parenting of Challenging Children with ADHD and Other Behavioral Problems(《从混乱走向平静：针对多动症和问题孩子的高效亲子策略》). New York: Pedigree。

Ingersoll,B.D.,and Goldstein,Sam.2001. Lonely,Sad,and Angry:How to Help Your Unhappy Child(《帮孩子多一分快乐、少一分忧伤》). Plantation, Fla.: Specialty。

Karres Shearin,Erika. 2002. Make Your Kids Smarter, 50 Top Teacher Tips for Grades K-8(《使孩子更聪明：老师针对8年级孩子的50高招》). Kansas City,Miss.:Andrews McMeel。

Peters,Ruth. 2000. Overcoming Underachieving: A Simple Plan to Boost Your Kids' Grades and End the Homework Hassels(《克服低分现象：帮孩子提高分数并结束作业烦恼的简易招数》). New York: Broadway。

Schank,Roger. 2000. Coloring Outside the Lines: Raising a Smarter Kid by Breaking all the Rules（《涂出界：打破成规培养创新孩子》）. New York: HarperCollins。

Smialek,Mary Ann.2001. Team Strategies for Success: Doing What Counts in Education(《走向成功的小组合作策略：做教育中值得做的事》). Lanham,Md.: Scarecrow Press。

Stipek,Deborah, and Seal,Kathy.2001. Motivated Minds: Raising Children to Love Learning（《受激励的心灵：培养孩子热爱学习》）. New York:Owl。

Willis, Mariaemma, and Kindle-Hodson, Victoria. 1999. Discover Your Child's Learning Style:Children Learn in Unique Ways—Here's the Key to Every Child's Learning Success（《了解孩子的学习方式：孩子的学习方式各不相同——使每个孩子学业成功的关键》）. Roseville,Calif.:Prima。

Wolf,Jill.1992. Teachers Are …（《老师是……》） Yellow Springs,

Ohio: Antioch。

Zentall, Sydney, and Goldstein,Sam. 1999. Seven Steps to Homework Success: A Family Guide for solving Common Homework Problems（《家庭作业成功七步走：解决常见作业疑难的家庭手册》）. Plantation,Fla.:Specialty。

网站推介

请注意：以下这些网站是本书出版时尚在运营中的。但不一定多年后某个网站仍然存在。如果你上不去下面这些网站中的某一个而又需要某方面的特定信息，你可以到这个网站联系我：www.schoolsuccess.info.

www.familyeducation.com

提供很多链接，对每个年级的孩子的父母都有学业成功方面的具体建议。

www.childrenspartnership.org/prnt/prnt.html

提供亲子艺术方面的网上资源。

www.eduhound.com

提供进入各类教育网站的链接。

www.kidport.com

帮助孩子学习成绩优异的儿童网站。

www.scholastic.com

为学生的学习活动和才艺活动提供了很多点子。

www.par-inst.com/resources/default.htm

提供让家长投入教育的具体建议，由家长机构主办。

www.websmartkids.org

引导孩子使用网络资源。

www.superkids.com

在网上对各种教育软件进行逐一评介。

www.syvum.com

提供可下载的网上软件。

www.ldonline.com

为学习困难孩子的家长提供多种资源和相关建议。

www.schwablearning.org

专门为学习困难孩子的家长开设的网站。

www.readingrockets.org

为家长 / 老师提供新闻、实用信息、专家建议和可用资源。

www.startribune.com/homework_help

提供家庭作业方面的帮助。

http:school.discovery.com/homeworkhelp/bjpinchbeck

提供家庭作业方面的帮助。

www.geocities.com/Athens/Ithaca/4845/mitheory.html

专门展示心理学家加德纳所发现的多型智商及所收集的该方面资料

的网站。

www.allianceforchildhood.org

该网站致力于培养并尊重孩子内在权利，令其享有一个健康快乐、符合身心发展阶段的童年。

www.connectforkids.org

为关注孩子的家长设立的网上行动/信息中心。有含链接的文章用于影响孩子。该网站还提供两份免费的网上新闻简报。

www.lionlamb.org

该网站每年发布它认为儿童不宜的一系列玩具，同时对比性地提供一系列更有益身心的玩具。

www.playingforkeeps.org

展示针对玩的益处所进行的一些研究。同时为父母提供一些玩乐方面的点子。

www.familylife1st.org

该网站关注家庭及其不堪重负的生活。

www.hyperparenting.com

给父母提供一系列实用的点子：如何不使孩子负担过重。

www.familynightamonth.com

该网站强调家庭成员共度时光的重要性。

www.truceteachers.com

该网站为关注孩子娱乐和玩具的家长分忧，探讨影响孩子学习和行为的娱乐活动和玩具。

www.tvp.org

致力于帮家长理解看电视对家庭的影响。同时提议可取代看电视的一些其他活动。

www.firmonline.org

为想互相交流育子经验、热点关注、实用工具和信息的家长提供了一个论坛。

www.samgoldstein.com

这个超强网站专门致力于改变受到挑战的孩子的生活。萨姆·格尔第斯坦恩以其这方面的能力著称，他善于概括并以很实在的方式向家长展示当前在教育方面的研究。

www.drrobertbrooks.com

这是罗伯特·布鲁克斯创办的网站，资源丰富，为有特殊需要的孩子的父母而设，主要针对开朗、自尊、动力和家庭关系。

www.raisingresilientkids.com

该网站传播信息以帮助家长们抚养、支持和促进有压力的孩子成长。

图书在版编目（CIP）数据

家长驾校：学会驾驶孩子那辆车 /（美）斯密亚莱克著；赖鹏译.—哈尔滨：黑龙江教育出版社，2013.1

ISBN 978-7-5316-6804-6

Ⅰ.①家… Ⅱ.①斯… ②赖… Ⅲ.①家庭教育 Ⅳ.①G78

中国版本图书馆 CIP 数据核字(2012)第 286504 号

家长驾校
——学会驾驶孩子那辆车
JIAZHANG JIAXIAO
——XUEHUI JIASHI HAIZI NALIANGCHE

作　　者	[美]玛丽·安·斯密亚莱克
译　　者	赖　鹏
选题策划	宋舒白
责任编辑	宋舒白
装帧设计	冯军辉
责任校对	石　英
出版发行	黑龙江教育出版社(哈尔滨市南岗区花园街 158 号)
印　　刷	北京市文林印务有限公司
开　　本	700×1000　1/16
印　　张	11.5
字　　数	110 千
版　　次	2013 年 1 月第 1 版　2013 年 1 月第 1 次印刷
书　　号	ISBN 978-7-5316-6804-6
定　　价	28.00 元
版权登记号	08-2011-067